Wir gehen essen in Ungarn

Ágnes Nyerges

Wir gehen essen in Ungarn

**illustriert von
Ernst Hürlimann**

© Copyright 1980 by ADAC Verlag GmbH
Baumgartnerstraße 53, 8000 München 70
Alle Rechte vorbehalten
Redaktion und Fotos Fremdenverkehrswerbungs-
und Verlagsunternehmen IVP Budapest
Gesamtherstellung Passavia Druckerei GmbH Passau

ISBN 3-87003-162-X

Inhalt

Essen und Trinken in Ungarn	7
Ausspracheregeln	8
Wo kann man essen?	9
Speisekarte	11
Getränkekarte	13
Was noch auf der Speisekarte stehen kann	18
Redewendungen deutsch–ungarisch	19
Brot und Backwaren	23
Gewürze	28
Vorspeisen	30
Suppen	37
Soßen	47
Eierspeisen, Eierteigwaren	52
Fische, Fischgerichte	57
Fleischgerichte	67
Wildbret und Geflügel	81
Gemüse und Salate	91
Süßspeisen und Gebäck	103
Früchte	115
Käse	119
Milch und Milchprodukte	122
Weine	125
Wörterverzeichnis ungarisch–deutsch	129
Wörterverzeichnis deutsch–ungarisch	133
Speisenregister ungarisch	137
Speisenregister deutsch	142

Essen und Trinken in Ungarn

Die ungarische Kochkunst hat sich nicht aus purem Zufall bis zu dieser Höhe entwickelt, sondern ist einer Schwäche der Ungarn zu verdanken, derer sie sich nie rühmten, die sie aber auch nicht leugnen können. Es ist nämlich ganz einfach so: Die Ungarn essen gerne! Sie sitzen gerne und lange bei Tisch und lassen sich die Gerichte und den Wein bei lustigem Geplauder schmecken.

Das ist Gastrozentrik, die den Ungarn in allen Zeiten eigen gewesen sein muß: Wo immer sie auf ihren Kriegszügen hinkamen, fanden sie mal hier, mal dort ein neues Gewürz, eine neue Kulturpflanze oder ein neues Rezept zur Bereicherung der heimischen Gastronomie und als Entgelt für die mühseligen, schonungslosen Kämpfe gegen die Tataren oder die Türken. So kamen die Eiergerste aus dem Iran nach Ungarn, der Gewürzpaprika durch spanisch-italienisch-türkische Vermittlung aus Zentralamerika, die Zwiebel und der Knoblauch aus Italien durch eine Königstochter, die einen ungarischen Renaissancekönig geheiratet hatte. Und es klingt wie eine Anekdote, daß die saure Sahne, die heute aus der ungarischen Küche nicht wegzudenken ist, Ende des 17. Jahrhunderts vom kaiserlichen Küchenchef »erfunden« wurde, als er aus purer Nachlässigkeit einmal saure statt süßer Sahne verwendete.

Immer wieder nahmen die Ungarn, Hausfrauen wie Hofküchenmeister, die verschiedensten Geschmacksrichtungen in ihr Speiseprogramm auf und verschmolzen das Erbe der Tataren, Türken, Italiener, der slawischen Völker, der Franzosen sowie der Deutschen und Österreicher zu einer homogenen Einheit. Dazu kam die Wechselwirkung zwischen häuslicher und gewerblicher Gastronomie. Die scharfen und aromatischen bäuerlichen Speisen zogen ab Mitte des

18. Jahrhunderts in die adeligen Häuser ein. Kochbücher schufen die Grundlage einer mehr raffinierten bürgerlichen Küche. Selbst Not und Armut haben die ungarische Küche bereichert: Fehlende Komponenten wurden durch phantasievolle Kombinationen ersetzt, und selbst heute gibt es noch eine Reihe von köstlichen Teigwaren- oder Obstsuppen aus diesen schweren Zeiten. Auch die im Ausland dienenden Köche hielten Kontakt mit der Heimat, übermittelten neue Kenntnisse und trugen zur Vervollkommnung der ungarischen Kochkunst nicht wenig bei.

Und wenn sich zu all diesen leckeren Gerichten auch noch ein Lächeln, ein Scherz und die weltweit bekannte traditionelle ungarische Gastlichkeit gesellen, dann wird verständlich, worauf der weltweite Ruf der ungarischen Gastronomie beruht.

Ausspracheregeln

Einige Laute werden im Ungarischen anders als im Deutschen ausgesprochen. Die wichtigsten sind:

a	= ah	wie in »Sahne«
c	= tz, ts	wie in »Metzger«
cs	= tsch	wie in »Kutsche«
é	= eh	wie in »Mehl«
gy	= dj	wie in »Nadja«
ly	= j	wie in »Junghuhn«
ny	= nj, gn	wie in »Champignon«
s	= sch (stimmlos)	wie in »Fisch«
sz	= ss (stimmlos)	wie in »Essig«
ty	= tj	wie in »Antje«
z	= s (stimmhaft)	wie in »Semmel«
zs	= sch (stimmhaft)	wie in »Journal«

Wo kann man essen?

Gaststätten, in denen man speisen kann

Bisztro Bistro, kleine Gastwirtschaft

Büfé Büfett

Csárda Gasthof, überwiegend an der Landstraße, mit volkstümlicher Einrichtung und Küche (abends häufig auch Zigeunermusik)

Cukrászda Konditorei; Kaffee, Liköre, am Vormittag auch belegte Brötchen

Étkező Kleine bescheidene Gaststätte mit wenigen Tischen und kleinem, aber sehr gutem Speiseangebot

Étterem Restaurant; auf der Speisekarte bezeichnet eine römische Ziffer die Klasse je nach Ausstattung, Bedienung und Speiseangebot; die Preise richten sich nach dieser Einstufung

Falatozó Kleine Raststätte mit wenig Sitzplätzen; gegrillte Brötchen, Wiener Würstchen, Gebäck

Hotel-Étterem Hotel-Restaurant

Kifőzés Garküche mit wenigen Tischen für Stammgäste, meistens Familienbetrieb, mit erstklassigem Menü

Mackó Feinkostgeschäft ohne Sitzplätze, auch für den sofortigen Verzehr; kalte Platten, Salate

Wo kann man essen?

Önkiszolgáló Selbstbedienung mit ganztägigem Betrieb; komplette Mahlzeiten, warme Speisen, kalte Platten, Frühstück, Abendessen, Süßwaren

Snack-Bar Speise-Bar; die Speise wird am Barpult gebraten, garniert, serviert und konsumiert

Tanya Kleines Gasthaus mit volkstümlicher Einrichtung; Fisch und Wildbret

Vendéglő Gastwirtschaftlicher Großbetrieb (abends Musik)

Gaststätten, in denen man trinken kann

Borozó Weinstube; Flaschenweine, offene Weine, Backwaren

Borpince Weinkeller, Ausschank eines Weinbaubetriebs

Drinkbar Getränkebar

Espresso Café-Bar; Mokka, Flaschenbier, Erfrischungsgetränke, Eis, Feingebäck

Italbolt Schankwirtschaft; Bier, Wein, Spirituosen

Mulató Nachtlokal

Poharazó Weinschenke; regionale Weine

Söröző Bierstube

Teázó Teestube; allerlei Teesorten, Teegebäck

Tejivó Milchbar, morgens und nachmittags besonders frequentiert; mit warmen Milchgetränken und Backwaren

Étlap
Speisekarte

(in Hotel-Restaurants, die ab früh morgens geöffnet sind)

Komplett reggeli
Komplettes Frühstück

Egyszerű reggeli Villás reggeli
Einfaches Frühstück *Gabelfrühstück*

Ebéd Ebédmenük Kimélő ételek
Mittagessen *Menüs* *Diätetische Speisen*
(à la carte)

Napi különlegesség A konyhafőnök ajánlata
Heutige Spezialität *Der Küchenchef empfiehlt*

Ötórai tea Tejes ételek Uzsonnaitalok
Five o'clock Tea *Milchgerichte* *Jausegetränke*

Hideg vacsora Meleg vacsora
Kalte Abendbrot-Platte *Abendessen*

Ízelítők Színházi vacsora
Hors-d'œuvres *Souper*

Bár-falatok
Imbisse
*(da Gaststätten außerhalb des Hotelwesens erst
zu Mittag öffnen, führen sie auch kein Frühstück)*

Étlap
Speisekarte
(Restaurant...Klasse)

Komplett menü
Komplettes Menü
(Suppe, Fleisch
mit Beilage,
Feingebäck)

Háromfogásos menü
Menü
(Suppe, Eintopf-
gericht, Dessert)

Kímélő Menü
Diätetisches Menü
(fett- und ge-
würzarme Speisen-
folge)

Hideg előételek
Kalte Vorspeisen

Hidegtálak
Kalte Platten

Meleg előételek
Warme Vorspeisen

Grillfalatok
Gegrilltes

Zónaételek
Gabelfrühstück
(kleine Portionen)

Meleg levesek
Warme Suppen

Hideg levesek
Kalte Suppen
(Obstsuppen im Sommer)

Köretek
Beilagen (Kroketten, Knödel, Klößchen, Spaghetti, Pommes frites, Salzkartoffeln, Reis, Nockerln, Spargel, Blumenkohl, Karotten, junge Bohnen, grüne Erbsen, Gemüseplatten usw.)

Főzelékek
Gemüsespeisen (Möhren, Brechbohnen, Kohlrabi, Wirsingkohl, Sauerkraut, Bohnen und Erbsen werden in Ungarn gerne als Hauptspeise verzehrt; das Gemüse wird gedünstet oder gargekocht; die Brühe wird mit Mehl, mit Rahm und Mehl oder mit einer Mehlschwitze eingedickt und dann mit oder ohne Fleischeinlage, eventuell mit Würstchen, serviert)

Savanyúságok
Salate, frisch oder mariniert

Hideg-meleg halételek
Kalte und warme Fischgerichte

Készételek
Tischfertige Gerichte (Geflügel, Schweinefleisch, Rindfleisch, Kalbfleisch, Hasen- oder Hammelfleisch, in Soße oder Fleischsaft angerichtet und mit Beilagen sofort servierbar gehalten)

Frissensültek
Frisch Gebratenes (Schweinsleber, Kalbsleber, Geflügelleber, Filets, Schnitzel, panierte Koteletts)

Napi ételkülönlegesség
Tagesspezialität

A konyhafőnök ajánlata
Der Küchenchef empfiehlt

Tájjellegű étel
Regionales Gericht

Vegyestál
Mischplatte (verschiedene frisch gebratene Koteletts mit Beilagen nach Wunsch)

Fatányéros
Holzplattengericht (auf einer Holzplatte servierte Leber-, Fisch-, Kalbs-, Schweins- und Rindsfilets, Reis, Pommes frites, Salate; über das Ganze kommt gebratener Speck)

Főtt tészták	Sült tészták	Torták
Mehlspeisen	*Feingebäck*	*Torten*

Befőttek	Friss gyümölcs	Gyümölcs
Kompotte	*Frischobst*	*Obstdessert*

Gyümölcssaláta	Sajtok
Obstsalat	*Käse, Käseplatten*

Itallap
Getränke

Borok
Weine

Fehér borok   Piros borok   Vörös borok
Weißweine   *Schillerweine*   *Rotweine*

Tiszta borok   Kevert borok
Reine Weine   *Gemischte Weine*

Száraz – Félszáraz – Félédes – Édes borok
Trockene – Halbtrockene – Halbsüße – Süße Weine

Palackozott borok   Asztali borok   Kimért borok
Flaschenweine   *Tischweine*   *Offene Weine*
                                             (Mindestmaß 1 dl)

Tájjellegű borok   Szőlőfajta borok
Ortspezifische Weine   *Edelweine*

Borpárlatok
Weinbrand

Olasz – Magyar – Francia vermut
Italienischer – Ungarischer – Französischer Wermut

Habzóbor (száraz, félszáraz, édes, piros, fehér)
Schaumweine (trocken, halbtrocken, süß, rot, weiß)

Pezsgő (extra-dry, sec, demi-sec, doux),
Sekt (extra trocken, trocken, halbtrocken, süß)

Almabor
Apfelwein

Sörök
Bier (Flaschen- oder Schankbier;
Schankbier gibt es nur in 3 dl-Gläsern oder in 5 dl-Krügen)

Könnyű, világos sörök *Leichte, helle Biere* *(Flaschen- oder Schankbier)*	Barna sör *Dunkles Bier* *(nur in Flaschen)*

Külföldi sörök *Ausländische Biere*	Nektár tápsör *Nektar-Malzbier*	Alkoholmentes sörök *Alkoholfreies Bier*

Hideg/Meleg alkoholmentes italok
Kalte/Warme alkoholfreie Getränke

Ivóvíz *Trinkwasser*	Ásványvíz *Mineralwasser*	Szódavíz *Sodawasser*
Citrom-juice *Zitronensaft*	Szőlőlevek *Traubensäfte*	Narancs-juice *Orangensaft*

Grape-fruit-juice
Pampelmusensaft

Natur gyümölcslé *Fruchtsäfte (Juices)*	Szénsavas gyümölcslé *Fruchtsäfte, mit Kohlensäure versetzt*

Colák *Cola*	Limonádé *Brauselimonade*	Tonikok *Tonic*

Forró csokoládé
Heiße Milchschokolade

Kakaó *Kakao*	Tejes turmixok *Milchmixgetränke* *(ohne Alkohol)*	Tejeskávé *Milchkaffee*

Kávé
Kaffee

Tea
Tee

Tea rummal	Tea tejjel	Citromos tea
Tee mit Rum	*Tee mit Milch*	*Tee mit Zitrone*

Kapuziner
Kapuziner
(mit etwas Milch serviert)

Espresso kávé
(dupla / szimpla)
Mokka
(1 dl, 6 g / ¹/₂ dl, 3 g Kaffee)

Szeszes italok
Spirituosen

Pálinkák
Branntweine

Likőrök
Liköre

Kisüstiek
Hausgebrannte Schnäpse

Kecskeméti barack	Szatmári szilva	Cseresznye
Aprikosenschnaps	*Pflaumenschnaps*	*Kirschwasser*

Puszta-Cocktail száraz/édes
*3 cl Aprikosenschnaps,
2 cl Mecseki, 3 cl Tokaji Szamorodni (herb/süß)*

Fizzek	Puncsok	Gyomorkeserűk
Fizz	*Punsch*	*Magenbitter*

Pohár	Csésze	Kanna	Palack
Glas (2 dl)	*Tasse*	*Kanne*	*Flasche*

Talpas pohár
Kelchglas

Vizes pohár
Wasserglas

Sörös pohár	Korsó	Kupica
Bierglas (3 dl)	*Krug (¹/₂ l)*	*Stamperl (3 oder 5 cl)*

Was noch auf der Speisekarte stehen kann

I. oszt. étterem/II. oszt./III. oszt.
Restaurant I. Klasse/II. Klasse/III. Klasse

Osztályon felüli étterem
Restaurant der Superklasse

Meleg ételeket 18 órától szolgálunk fel
Warme Speisen werden ab 18 Uhr serviert

A konyha 23 órakor zár
Die Küche schließt um 23 Uhr (das Gericht muß spätestens eine halbe Stunde vorher bestellt werden)

A felszolgálási dij az árban benne foglaltatik
Die Bedienung ist in den Preisen inbegriffen

A kenyérfogyasztás díjtalan
Brotverzehr unentgeltlich

Az árak köret nélkül értendők
Die Preise verstehen sich ohne Beilage

Az ételeket körettel szolgáljuk fel
Die Gerichte werden mit Beilage serviert

Az étel árában bármely szabadon választott köret benne foglaltatik
Beilagen nach freier Wahl, ...-Ft-Verzehr inbegriffen

Az »x«-szel megjelölt ételek elfogytak
Die mit »x« markierten Gerichte sind ausgegangen

50 Ft kötelező fogyasztás
50-Ft-Verzehr inbegriffen (nur in Bars, Nacht- und Tanzlokalen)

Árfelelős/Konyhafőnök/Üzletvezető
Verantwortlich für die Speisekarte/Küchenchef/Betriebsleiter

Redewendungen deutsch–ungarisch

Beim Betreten der Gaststätte

Ich möchte (wir möchten) etwas essen	Enni szeretnék (szeretnénk)
Ich möchte (wir möchten) etwas trinken	Inni szeretnék (szeretnénk)
Wann gibt es Frühstück?	Mikor van reggeli?
Wo gibt es Frühstück?	Hol van reggeli?
Haben Sie einen Tisch für 4 Personen frei?	Négyszemélyes asztalt kérünk
Reservieren Sie mir bitte einen Tisch für 5 Personen, für heute (morgen) abend 8 Uhr	Öt személynek akarok asztalt foglalni, ma (holnap) este nyolcra
Gibt es hier bitte einen freien Platz?	Van itt szabad hely?

Bestellung

Kellner!	Pincér!
Die Karte, bitte!	Étlapot kérek!
Was gibt es zu trinken?	Mit lehet inni?
Was gibt es zu essen?	Mit lehet enni?
Welche Fertiggerichte haben Sie?	Milyen készételek vannak?
Bringen Sie mir ...	Kérek egy ...
Was wird das kosten?	Mennyibe kerül?
Wie lange muß ich darauf warten?	Mennyi ideig kell erre várni?
Ich bin Diabetiker	Diabetikus ételt kérek
Bringen Sie bitte Brot/Salz/Wasser	Kérem, hozzon kenyeret/sót/vizet

Redewendungen

Bringen Sie bitte noch einen Teller für das Kind	Kérem, hozzon még egy tányért a gyereknek
Bringen Sie noch zwei Kaffee	Kérek még két kávét
Was gibt es hier für Bier?	Milyen sörük van?

Fleisch und Fisch

Bringen Sie mir ein gut (halb, kaum) durchgebratenes Fleisch	Jól (közepesen, alig) átsütött húst kérek
Bitte mageres Fleisch mit Soße (ohne Soße)	Sovány húst kérek mártással (mártás nélkül)
Bringen Sie mir bitte einen am Rost gebratenen Fisch	Rostonsült halat kérek
Bringen Sie mir bitte einen gesottenen Fisch	Főtt halat kérek

Wein

Geben Sie mir die Weinkarte	Az itallapot kérem
Ich möchte einen guten hiesigen Wein	Jó helyi bort kérek
Bringen Sie ein Glas Wein (Bier)	Kérek egy pohár bort (sört)

Reklamation

Bringen Sie bitte noch einen Teller (einen Löffel, eine Gabel, ein Messer)	Még egy tányért kérek (kanalat, villát, kést)
Dieses Gericht schmeckt mir nicht	Nem ízlik ez az étel
Das werde ich nicht essen (bitte, schaffen Sie das fort)	Kérem, vigye vissza
Das ist ungenießbar	Ez ehetetlen
Da scheint ein Mißverständnis vorzuliegen	Itt félreértés történt
Schicken Sie mir bitte den Geschäftsführer	A vezetővel szeretnék beszélni

Rechnung

Bitte die Rechnung (ich möchte zahlen)	Pincér! Fizetek!
Wir hatten ...	Volt egy ...
Wieviel kostet es bitte?	Mennyit fizetek?
Hier, das ist für Sie (Trinkgeld)	Tessék, ez a magáé
Ist die Bedienung im Preis inbegriffen?	A kiszolgálási díj benne van az árban?

Sonstiges

Ja, bitte	Igen, kérem
Nein, danke	Köszönöm, nem
Ja, danke	Igen, köszönöm
Das hat uns (mir) sehr gut geschmeckt (das war sehr fein)	Ez nagyon finom volt
Gibt es hier in der Nähe ein gutes und billiges Restaurant?	Van itt a közelben egy jó és olcsó étterem?
Ich habe eigentlich keinen richtigen Hunger	Nem vagyok igazán éhes
Wo ist die Toilette?	Hol van a mellékhelyiség?

Kenyerek és péksütemények
Brot und Backwaren

»Die Ungarn essen Brot auch zum Brot selbst«, schreibt der Engländer John Paget in seiner Reisebeschreibung aus dem Jahre 1839. Auch im Volksmund spiegelt sich diese Vorliebe der Ungarn für das Brot wider: Broterwerb und Brotherr sind geläufige Begriffe im deutschen Sprachgebiet, aber in Ungarn sagt man auch »mein Brotfreund«, »er ist über den besten Teil seines Brotes hinaus« (er ist schon alt), »Brotbruch« (scharfe Auseinandersetzung). Viele Abmagerungskuren sind in Ungarn an der Liebe zum Brot gescheitert. Brot und Brötchen bilden also die Grundlage aller ungarischen Mahlzeiten. Kein Wunder, daß das Angebot so reichhaltig ist.

Barna kenyér Braunes, würziges Brot aus gleichen Teilen Weizen- und Roggenmehl, als längliche Zwei-Pfund-Laibe gebacken

Burgonyás kenyér Kartoffelbrot; zu einem Weizen- und Roggenmehlgemisch werden gesottene Kartoffeln zugesetzt, damit der Teig saftiger und weniger bröcklig wird

Büfékenyér Büfettbrot aus weniger lockerem Weizenmehlteig, länglich geformt und gut aufzuschneiden

Fehér kenyér Weißbrot, aus Weizenmehl mit Hefe und Salz gebacken; die Rinde ist bräunlich, die Kruste blättrig, die schwammig poröse Krume trocknet leicht aus

Félbarna kenyér Halbbraunes Mischbrot aus Weizen- und Roggenmehl

Brot und Backwaren

Francia kenyér Französisches Brot; die ungarische Variante der Baguettes, nur in Fachgeschäften erhältlich

Graham-kenyér Graham-Brot; Vollkornbrot aus Weizen- und Roggenmehl ohne Hefe für die Schonkost; nur in Fachgeschäften erhältlich

Levegő kenyér Luftbrot mit minimalem Kohlenhydratgehalt für Diabetiker

Sószegény kenyér Salzarmes Brot für gewürzarme, salzfreie Schonkost, nur in Fachgeschäften erhältlich

Sötét rozskenyér Dunkles Roggenbrot; Zusammensetzung und Geschmack wie beim hellen Roggenbrot; die dunkle Farbe rührt von der Roggensorte her; die Rinde ist glatt und glänzend; der Gehalt an Vitamin B ist höher als bei den weizenhaltigen Broten

Szegedi vágott kenyér Szegediner Wecken; ein lockeres 220-g-Gebäck aus Weizenmehl mit knuspriger Oberfläche und spitzem Scherzel

Szendvicskenyér Sandwichbrot (haltbar gemacht), erhältlich in Fachgeschäften in Ein-Pfund-Vakuumpackungen, in Scheiben aufgeschnitten

Uzsonnakenyér Jausebrot aus lockerem, schwach gesalzenem Teig, in 250-g-Wecken

Világos rozskenyér Helles Roggenbrot aus 70 zu 30 Teilen Roggen- und Weizenmehlteig, weniger aufgelockert, der Ein-Pfund-Laib ist also kleiner

Zsemlekenyér Semmelbrot aus einem leichten, lockeren Weizenmehlteig (Semmelteig) in runden Ein-Pfund-Wecken

Zsúrkenyér Jourbrot aus leichtem, lockerem, schwach gesüßtem Teig mit dünner, knuspriger Rinde

Backwaren

Császárzsemle Kaisersemmel, 44 g, weniger locker, mit etwas dickerer Rinde, oben eingeschnitten

Dupla zsemle Doppelsemmel, 100 g, ein stark aufgelokkertes weißes Gebäck aus Hefeteig

Karlsbadi kétszersült Karlsbader Zwieback, neutral, für die Schonkost

Kétszersült Zwieback, schwach gesüßt, 10 Scheiben (500 g) in Papierpackung mit roter Aufschrift

Kétszersült Zwieback, salzig, 10 Scheiben (500 g) in Papierpackung mit grüner Aufschrift

Kifli Hörnchen, 44 g, weißes, weniger lockeres Gebäck

Óriás kifli Riesenhörnchen, 220 g, nicht nur größer, sondern auch lockerer als das Hörnchen

Paprikás stangli Paprikastangel, 40 g, mit Gewürzpaprika im Hefeteig, das ihm die rötliche Farbe und den aromatischen Geschmack gibt

Pirítós Toast; geröstete Weißbrotscheiben, in Gaststätten auf Wunsch serviert

Pirított kifli Geröstete Hörnchen; die halbierten Hörnchen werden im Ofen noch einmal durchgebacken, bis sie ganz trocken sind; in größeren Bäckereien kann man sie einzeln kaufen

Pirított zsemle Auf beiden Seiten geröstete Semmelscheiben, nur in größeren Bäckereien erhältlich

Sóskifli Salzhörnchen, 44 g, mit Kümmel und Salz bestreut

Brot und Backwaren

Sós stangli   Salzstangel, 40 g, mit Kümmel und Salz bestreut

Stangli   Stangel, 40 g, aus dem selben Teig wie das Hörnchen, aber nicht gebogen

Vajas kifli   Butterhörnchen, 34 g, ein feineres, schwach gesalzenes Gebäck

Zsemle   Semmel, 50 g das Stück, ein stark aufgelockertes, weißes Gebäck aus Hefeteig

Feine Backwaren

Briós   Brioche, 47 g, leicht gesüßt

Cukrozott briós   Zuckerbrioche, 47 g, mit Kristallzucker bestreut

Csokoládéval bevont kuglóf   Schokoladegugelhupf, 250 g, mit Schokoladeüberzug

Diós tekercs   Nußrollen aus Blätterteig; mit Kakao- und Nußglasur bestrichene, zusammengerollte kleine Plätzchen

Egyfonatú tejes kalács   Zopfkuchen, 500 g, feines Backwerk aus Mehl, Milch, Fett, Eiern

Foszlós fehér kalács   Flaumiges Milchbrot; 500 g der Wekken, auch als einzelne Scheiben erhältlich

Foszlós kakaós kalács   Flaumiger Kakaokuchen, in 500-g-Wecken, aus weißem und braunem Teig zusammengerollt

Kakaós csiga   Kakaorollen aus Blätterteig, mit Kakaoglasur bestrichen und eingerollt

Brot und Backwaren

Kakaós kuglóf Gugelhupf mit Kakaostreifen; beim Aufschneiden zeigen sich zweifarbige Streifen

Kerek mákos kalács Runder Zopfkuchen mit Mohn, 250 g und 500 g, mit ungemahlenem Mohn bestreut

Mákos csiga Mohnrollen aus Blätterteig, mit einer in Milch aufgekochten gesüßten Mohncreme bestrichen und eingerollt

Mazsolás kalács Kuchen mit Rosinen, ein feines, süßes Backwerk aus Rührteig

Mazsolás kuglóf Gugelhupf mit Rosinen, aus feinem abgetriebenem Hefeteig

Molnárka Milchbrötchen, 37 g, aus feinem Kuchenteig mit glänzender glatter Oberfläche

Ropogós perec Knusprige Brezeln aus Brotteig (Salzbrezeln), 35 g, mit Salzwasserglasur bestrichen

Sajtos pogácsa Käsepogatschen, Plätzchen aus fettem und mit geriebenem Käse abgeschmecktem Hefeteig

Tepertős pogácsa Griebenpogatschen, runde Plätzchen aus schwach gesalzenem und gepfeffertem Teig mit feingehackten Grieben

Túrós karika Quarkplätzchen, aus feinem Kuchenteig geformte Scheiben mit süßem Quark und einer Rosine in der Mitte

Túrós táska Quarkbeutel aus Blätterteig, mit süßer Quarkfülle

Vajas pogácsa Pogatschen aus Butterteig

Zsúrperec Jourbrezeln; kleine trockene Brezeln, aus schwach gesalzenem Teig, mit Kümmel bestreut

Fűszerek
Gewürze

Angyalgyökér Angelika

Áfonya Preiselbeere

Ánizs Anis

Babérlevél Lorbeer

Bazsalikom Basilikum

Borecet Weinessig

Boróka Wacholderbeere

Bors Pfeffer

Borsikafű Bohnenkraut[1])

Borsmenta Pfefferminze

Cayenne-ibors Cayennepfeffer

Chilli Chili

Citromfű Zitronenmelisse[2])

Csillagánizs Sternanis

Ecet Essig

Édeskömény Fenchel

Fahéj Zimt

Fehér üröm Wermut

Fekete üröm Edelraute

Fokhagyma Knoblauch

Gyömbér Ingwer

Izsóp Ysop

Kakukkfű Thymian

Kálmos Kalmus

Kapor Dill

Kapri Kaper

Komló Hopfen

Koriander Koriander

Köménymag Kümmel

Lestyán Liebstöckel

Majoranna Majoran

Gewürze

Metélőhagyma	Schnittlauch	
Mustár	Senf	
Petrezselyem	Petersilie	
Piros paprika	Gewürzpaprika[3])	
Rozmaring	Rosmarin	
Sáfrány	Safran	
Sáfrányos szeklice	Saflor, Färberdistel	
Szagosmüge	Waldmeister	
Szegfűbors	Nelkenpfeffer	
Szegfűszeg	Nelke	
Szerecsendió	Muskat	
Szurokfű	Dost	
Tárkony	Estragon	
Torma	Meerrettich	
Turbolya	Kerbel	
Vanília	Vanille	
Vasfű	Eisenkraut	
Vöröshagyma	Zwiebel	
Zsálya	Salbei	

---

[1]) Borsikafű ist eine ungarische Spezialität mit pfefferähnlichem Aroma, magenstärkend, krampflösend und besonders für Schonkost zu empfehlen.

[2]) Zitronenmelisse wird frisch oder getrocknet für Obstsuppen, Salate und Soßen verwendet.

[3]) Paprika ist das spezifische ungarische Gewürz und wird frisch gepflückt oder gedörrt, gemahlen oder ungemahlen für fast alle Speisen verwendet. »Cseresznyepaprika« nennt sich die schärfste Sorte; der »Csipős rózsapaprika« ist auch für nicht trainierte Gaumen erträglich; der »Édesnemes« und der »Édes paprika« sind nur etwas pikant, doch sehr aromatisch.

Gewürzpaprika sollte eigentlich immer auf geriebene oder feingeschnittene gedünstete Zwiebeln gestreut verwendet werden. Aber Achtung, der Paprika brennt schnell an, und das ist unbedingt zu vermeiden, obwohl es günstig ist, ihn etwas schwitzen zu lassen.

Előételek
Vorspeisen

Feinschmecker sind sich darüber einig, daß die Magensäfte vor dem Hauptgericht erst einmal gereizt werden müssen. Dafür sorgen im allgemeinen die Vorspeisen. In Ungarn aber übernehmen würzige und herzhafte Suppen diese Aufgabe der Vorspeisen, die erst vor 100 bis 120 Jahren in der ungarischen Gastronomie Eingang fanden und immer noch als ein Bestandteil der festlichen Mahlzeiten gelten. In der Hausmannskost bleibt man nach wie vor bei den Suppen. Die Vorspeisen, ob warm oder kalt, werden dagegen als Hauptgericht zum »leichten Abendessen« serviert. In den Restaurants gibt es jedoch eine reiche Auswahl von Vorspeisen aller Art, ungarische Spezialitäten, international bekannte Feinkost, kalt und warm, je nach Belieben.

Hideg előételek   Kalte Vorspeisen

Ajókagyűrűk   Sardellenringe

Almás cékla   Rote Rüben mit Äpfeln; kleingewürfelte, gesottene rote Rüben und frische Äpfel mit Sauce Vinaigrette und Schnittling

Alföldi saláta   Salat nach Alfölder Art; Magenwurstschnitte mit Sauce Vinaigrette, gekühlt

Apró fánk   Kleine Krapfen mit Geflügelhaschee

Aszpik-mignon   Aspik-Mignons, mit Mayonnaise und Blumenkohl gefüllt

Vorspeisen

Bécsi heringsaláta Wiener Heringssalat

Carmen saláta Carmen-Salat; gekochte, gewürfelte Hühnchenbrust mit abgebrühten, gewürfelten Paprikatomaten, gesottenen grünen Erbsen und Sauce Vinaigrette

Dinnye cocktail Melonen-Cocktail; das gesottene, gewürfelte Bruststück eines Junghuhns wird mit Salz, Pfeffer, Paprika, Yoghurt, Ketchup und Tomatenmark vermengt und gekühlt

Dinnye sonkával Zuckermelonenscheiben, in Schinken gehüllt

Franciasaláta Russischer Salat

Fejes saláta párizsival Kopfsalat mit Pariser Wurst; gewürfelte Wurst, hartgekochte Eier, Radieschen, Schnittlauch und in Streifen geschnittener Kopfsalat mit einem Vinaigrette-Dressing

Fokhagymás majonézes fejes saláta Kopfsalat mit Knoblauch und Mayonnaise

Gombafejek májkrémmel töltve Pilzköpfe, mit Leberpastete gefüllt

Halmajonéz Fisch mit Mayonnaise

Halsaláta szegedi módra Szegediner Fischsalat; gewürfelte, abgebrühte Paprikaschoten, Tomaten, gekochte Fischstücke und Schnittlauch werden in einer Ölbeize gewendet und mit hartgekochten Eiern und Salat serviert

Hideg fogas tartármártással Kalter Zander mit Sauce Tartare

Garda balatoni pácban Garda in Balatoner Soße; die geschuppten und ausgenommenen Fische werden in Salz ein-

Vorspeisen

---

gelegt, anschließend in Essig mit Zwiebelscheiben, Lorbeer und Mostrich versetzt gebeizt und schließlich mit marinierten Zwiebeln serviert

Jércegalantin Junghuhngalantine

Jérce cocktail Junghuhn-Cocktail; Hühnerbrust, Ananas, gekochte Selleriewurzel, Zitronensaft, Mayonnaise und Sahne auf in Streifen geschnittenem Kopfsalat mit Soße serviert

Kacsaérmecskék Entenmedaillons, vom Bruststück ausgestochen, mit einer pikanten Entenpastete überzogen und mit je einer Weichselkirsche geziert

Kanapék Kanapees; kleine Brotscheibchen mit Krebs, Gänseleber-, Hühnchen- oder Fischfilets in Aspik

Kaszinótojás Casino-Ei

Kaviár Kaviar

Kocsonyázott ponty Karpfen in Aspik

Kocsonyázott tojás Munkácsy módra Ei in Aspik à la Munkácsy; das verlorene Ei wird kalt, mit Estragonblättern geschmückt, mit Aspik überzogen und auf Pilzen mit Remoulade serviert

Kocsonyázott sonkahab Schinkencreme mit Aspik; feingedrehter magerer Schinken wird mit Béchamelsoße, Butter, Sahne und Aspik schaumig gerührt, mit Cayennepfeffer und Kognak abgeschmeckt und mit Aspik überzogen

Libamáj hidegen Kalte Gänseleber, eine ungarische Spezialität; eine große, reife Gänseleber wird in Milch eingelegt, dann mit etwas Knoblauch eingerieben und in Gänsefett gebraten; das Fett wird vor dem Erkalten mit Gewürzpaprika bestreut; die Leber kühlt im Fettbett ab; wenn sie erkaltet ist, wird sie in dünne Scheiben geschnitten

Vorspeisen

Libamájkrém aszpikban Gänselebercreme mit Aspik

Libamájpástétom strassbourgi módra Straßburger Gänseleberpastete

Magyaros ízelítő Ungarisches Hors-d'œuvre; kalte Platte mit Schinken, Trockenwurst, geräucherter Rinderzunge, Salami usw.

Majonézes kukorica Mais mit Mayonnaise

Majonézes zöldborsó Grüne Erbsen mit Mayonnaise

Mimózasaláta Mimosensalat; gekochte, gewürfelte Karotten, Selleriewurzeln, rote Rüben, Brechbohnen, mit Mayonnaise vermengt und hartgekochten geriebenen Eiern verziert

Orosz hússaláta Russischer Fleischsalat

Paprikaszelet kőrözöttel töltve Paprikaschote, mit Liptauer gefüllt; die entkernte, geviertelte Schote wird mit einer aus Schafkäse, Butter, Mostrich, Gewürzpaprika, Kümmel und etwas Bier verarbeiteten Masse gefüllt

Paradicsom franciasalátával töltve Tomaten, mit russischem Salat gefüllt

Paradicsom sajtkrémmel töltve Tomaten, mit Käsecreme gefüllt

Paradicsom tojáspürével töltve Tomaten, mit Eiercreme gefüllt

Paradicsomos heringsaláta Heringsalat mit Tomaten

Párizsi ecetolajjal Pariser Wurst mit Öldressing; Wurst und Zwiebel werden in Streifen geschnitten und mit Salatöl und Essigwasser vermengt

Ráksaláta Krebssalat

Vorspeisen

Rákvaj Krebsbutter

Spanyol gombasaláta Spanischer Pilzsalat

Töltött tojás kaviárral Gefüllte Eier mit Kaviar

Töltött tojás sonkával Gefüllte Eier mit Schinkencreme und Mayonnaise

Töltött tojás libamájjal Gefüllte Eier mit Gänseleber; die Fülle wird mit Gänseleber versetzt und die Eier auf russischem Salat mit Rindszungenscheiben und Aspik verziert

Vajas pástétom csongrádi módra Hühnchenpastete nach Csongrader Art; die Paprikahühnchen werden von den Knochen gelöst und zweimal durch den Wolf gedreht, mit der Paprikasoße breiig angerührt und in kleine Plunderplätzchen gefüllt

Zeller gyümölccsel Sellerie mit Obst; Selleriewurzeln und Äpfel werden fein gerieben, mit kleingeschnittenen Orangen, Ananas-Kompott und Sahnekäse vermengt, mit Zitronensaft abgeschmeckt und einige Stunden lang im Kühlschrank abgelegt

Zellerízelítő fűszeresen Sellerie-Imbiß; die Selleriewurzeln werden in feine Streifen geschnitten, gesalzen, mit Zitronensaft versetzt und mit Remoulade überzogen

Meleg előételek Warme Vorspeisen

Bevert tojások Verlorene Eier; mit verschiedenen Fonds und Ragouts, à la Astoria, nach Bakonyer Art, nach Brüsseler Art, nach Diplomatenart, nach Karpater Art, nach Königinnenart, nach pannonischer Art, à la Hadik und à la Hortobágy; die verlorenen Eier à la Hortobágy werden in mit Kalbspörköltcreme gefüllte Plunderplätzchen gesetzt, mit dem Pörköltsaft überzogen und mit Sahne und Paprikaringen verziert

Vorspeisen

Briósok ragutöltelékkel   Brioche (Hefeteigpastete) mit Ragoutfülle, heiß zu servieren

Csirág csőben sütve   Spargel aus dem Rohr

Gombafejek rántva   Panierte Pilzköpfe, mit Sauce Tartare

Gombapaprikás tükörtojással   Paprikapilze mit Spiegelei; die feingeschnittenen Champignons werden auf etwas angelaufenen und mit Paprikapulver bestreuten Zwiebelscheiben zehn Minuten lang geschmort, mit Salz, Paprikaschoten und Tomaten abgeschmeckt und, wenn der Saft eingekocht ist, mit etwas Mehl und viel saurer Sahne eingedickt; serviert wird die Speise mit Spiegelei und Reisbeilage

Hortobágyi húsos palacsinta   Fleischgefüllte Eierkuchen à la Hortobágy, eine berühmte ungarische Spezialität; ein Kalbs- oder Schweinepörkölt wird durch den Wolf gedreht, mit der Hälfte des Pörköltsafts und saurer Sahne vermengt; damit werden die Eierkuchen gefüllt; die Enden werden sorgfältig angehoben, damit der Saft nicht herausfließt, in eine feuerfeste Schüssel gelegt, mit dem Rest des Pörköltsaftes übergossen und ganz kurz im Rohr überbacken

Libamájpástétom   Gänseleberpastete; in Milch eingeweichte, ungarte Gänseleber wird in Scheiben geschnitten, auf goldgelb angelaufenen Zwiebelscheiben geschmort, dann durch ein Sieb gerührt, mit schaumig gerührter Butter und Béchamelsoße vermengt, mit Gewürz und Kognak abgeschmeckt, in Plunderplätzchen gefüllt und heiß serviert

Libamáj rizottó   Gänseleber-Risotto

Omlett   Omelett (nach Wunsch zubereitet)

Omlett Debrecen módra   Debreziner Omelett, gefüllt mit Lecso und Trockenwürstchen; Lecso wird folgenderweise zubereitet: Zwiebelscheiben werden auf zerlassenem Speck geschmort, Tomatenviertel beigemengt und Trockenwurstscheiben untergehoben

Vorspeisen

Pástétom csongrádi módra Csongráder Pastetchen; ein Paprikahühnchen wird von den Knochen gelöst, fein durch den Fleischwolf gedreht und mit dem Saft vermengt; die mit dieser Masse gefüllten Plunderplätzchen werden dann mit dem Saft, etwas Butter und saurer Sahne überzogen serviert

Rizottó Risotto

Spagetti à la bolognese Spaghetti Bolognese

Szárnyas hasé Geflügelhaschee

Tálon sült tojás Spiegeleier mit Pilzen, Nierenschnitten, Geflügelleber in Paprikasoße, Kohlsprossen usw.

Töltött tök Gefüllter Kürbis

Töltött törökparadicsom Gefüllte Eierfrucht

Uborka gombával és sajttal töltve Gurken, mit Pilzen und Käse gefüllt

Vadvagdalékkal töltött vajaskosárka Plunderplätzchen mit Wildbretpastete

Vajaskosárka csirkeraguval Plunderplätzchenragout

Vajaspástétom finomraguval Plunderplätzchen mit Ragout à la Montgelas

Velős felfújt Hirnsoufflé

Veseszeletek paradicsommal Nierenschnitten mit Tomaten

Zeller vörösboros mártásban pácolva Selleriewurzeln in Rotweinsoße

Zöldbab csőben sütve Gebackene Bohnenschoten

Levesek
Suppen

In Ungarn gibt es kein Mittagessen ohne Suppe. Es gibt ausgiebige Suppenspeisen, die als Eintopfgericht gelten, und es gibt Gegenden, wo nicht nur mittags und abends, sondern auch zum Frühstück anstelle von Milchkaffee oder Tee eine Suppe gegessen wird. Dieser nationalen Vorliebe entsprechend gibt es eine ganz außerordentliche Fülle von Rezepten. Die kunstvolle Zubereitung wird ganz besonders geschätzt. »Jeder kann einen guten Braten machen, aber eine gute Suppe, das ist die wahre Kunst«, heißt es im Volksmund.

Dünne Suppen, Consommés, Cremesuppen, eingebrannte Suppen, Frikassees, Obstsuppen und Suppeneinlagen sind zum Teil eng mit der internationalen Gastronomie verwandt, zum Teil nur dem Namen nach, obwohl die Zubereitung in Ungarn völlig anders ist, beispielsweise beim Gulasch.

Bableves tejfelesen Bohnensuppe mit saurer Sahne; die Bohnen werden mit etwas Pfeffer, Knoblauch und Selchfleisch gekocht; eine Mehlschwitze mit Zwiebeln und Paprika wird mit wenig Wasser gelöscht und der Bohnensuppe beigefügt; nach weiterem Kochen wird die Suppe mit saurer Sahne und etwas Essig abgeschmeckt

Babpüréleves Bohnenpüree-Suppe

Burgonyakrémleves Kartoffelcremesuppe

Burgonyaleves magyarosan Ungarische Kartoffelsuppe; in zerlassenem Fett werden Zwiebeln, Petersilie und kleinge-

würfelte Kartoffeln glasig gedünstet, gesalzen, gepfeffert, mit Gewürzpaprika bestreut, mit Wasser verdünnt, gargekocht, mit einer hellen Mehlschwitze eingedickt und mit feingehackter Petersilie und saurer Sahne serviert

Csontleves Knochenbrühe

Csontleves daragaluskával Knochenbrühe mit Grießklößchen

Csontleves metélttel Knochenbrühe mit Fadennudeln

Erőleves csészében Consommé

Erőleves húsgombóccal Kraftbrühe mit Fleischklößchen

Erőleves magyarosan Ungarische Kraftbrühe; das gewürfelte Rindfleisch wird mit gelb angelaufenen Zwiebeln und Gewürzpaprika geschmort, gesalzen, mit Kümmel, Knoblauch und Majoran abgeschmeckt, durch den Wolf gedreht und mit Eiweiß und Tomatenmark verarbeitet; der Sud wird aufgegossen, der Fleischbrei hineingelegt und zwei Stunden lang gekocht; zum Schluß werden kleine Mehlklößchen eingelassen

Erőleves májas derelyével Kraftbrühe mit Leberflecken

Erőleves metélttel Kraftbrühe mit Fadennudeln

Erőleves szárnyashúsból Geflügelbouillon

Erőleves tojáskocsonyával Kraftbrühe mit Eiersülze

Erőleves tojással Kraftbrühe mit Ei

Erőleves vadhúsból Wildbretbouillon

Gombaleves Pilzsuppe

Suppen

Gombapüréleves Pilzpüreesuppe

Gulyásleves Gulaschsuppe; richtig wird sie folgendermaßen zubereitet: Goldgelb angelaufene Zwiebeln werden mit Gewürzpaprika bestreut; das gewürfelte Fleisch wird sofort dazugemengt, umgerührt, wieder auf das Feuer gestellt, gesalzen und im eigenen Saft geschmort, bis der Saft ganz eingedickt ist; etwas Kümmel, feingehackter Knoblauch, Paprikaringe, Tomaten und gewürfelte Kartoffeln werden dazugegeben und mit wenig Wasser gargeschmort; zum Schluß werden kleine Eiernudelzipfchen eingekocht

Halleves Fischsuppe

Húsleves cérnametélttel Fleischbrühe mit Fadennudeln

Húsleves daragaluskával Fleischbrühe mit Grießklößchen

Húsleves maceszgombóccal Fleischbrühe mit Klößchen aus ungesäuertem Brot (Matzenklößchen)

Húsleves májgombóccal Fleischbrühe mit Leberklößchen

Káposztaleves magyarosan Ungarische Krautsuppe; Sauerkraut wird kleingeschnitten, mit Selchfleisch und geräucherter Mettwurst gargekocht, mit einer zwiebel-, paprika- und knoblauchhaltigen Mehlschwitze eingedickt und mit saurer Sahne und feingeschnittenem Dill serviert

Karfiolkrémleves Blumenkohlcremesuppe

Kaszásleves Sensenmäher-Suppe, eine ungarische Spezialität; ein zerlegtes gereinigtes Eisbein oder ein Schweinefuß wird mit der Schwarte und Knoblauch in Salzwasser gargekocht und aufgelöst; die Brühe wird mit etwas Mehl und saurer Sahne eingedickt und mit Pfeffer und Essig abgeschmeckt; dazu gehört geriebener Meerrettich

Suppen

Lebbencsleves Lebbencs-Suppe; gewürfelter Speck wird ausgelassen; Zwiebeln werden glasig gedünstet; kleingewürfelte Kartoffeln werden ebenfalls glasig gedünstet; Salz, Pfeffer und Paprikaringe werden beigefügt, mit Wasser aufgegossen und halbgar gekocht; inzwischen werden große, dünne, viereckige Flecke aus einem guten Eierteig gefertigt und zum Schluß in die Brühe eingekocht

Lencseleves Linsensuppe

Májpüréleves Leberpüreesuppe

Paradicsomleves Tomatensuppe

Rántott köményes leves Einbrennsuppe mit Kümmel

Savanyútojás leves Saure Eiersuppe

Spárgakrémleves Spargelcremesuppe

Szárnyasraguleves Geflügelragoutsuppe

Tejfölös sóskapüréleves Sauerampfersuppe mit Sahne bzw. mit Eigelb, etwas Zucker und Sahne

Újházy tyúkleves Újházy Hühnersuppe (Újházy war ein namhafter Schauspieler und Gourmet); das Huhn wird mit kaltem Wasser auf das Feuer gestellt und aufgekocht; der Schaum wird abgeschöpft, Salz, Pfeffer und Wurzelwerk zugesetzt und das Huhn gargekocht; frisches Wurzelwerk wird inzwischen mit etwas Brühe, grünen Erbsen und Champignons gesotten; Fadennudeln werden ausgekocht, das Huhn wird zerteilt und ausgelöst; nun kommt in die Schüssel unten das Fleisch, darauf die Nudeln, darüber das Wurzelwerk; die Suppe wird oben noch mit feingehackter Petersilie bestreut

Krémlevesek Cremesuppen (mit Béchamel)

Gombakrémleves Pilzcremesuppe

Halkrémleves Fischcremesuppe

Krémleves tökből Kürbiscremesuppe

Kukoricakrémleves Maiscremesuppe; die Maiskörner werden in Wasser eingeweicht, gargekocht, abgeseiht und durch ein Sieb gerührt oder durch den Wolf gedreht; die Brühe wird mit einer hellen Butterschwitze eingedickt, gesalzen und mit etwas Knoblauch und Zucker abgeschmeckt

Parajkrémleves Spinatcremesuppe

Póréhagyma krémleves Porreecremesuppe

Szárnyaskrémleves Geflügelcremesuppe

Tejszines paradicsomleves Tomatensuppe mit Sahne

Uborkakrémleves Gurkencremesuppe

Zöldségkrémleves Gemüsecremesuppe

Gyümölcslevesek Obstsuppen

Almaleves hidegen Kalte Apfelsuppe

Almaleves melegen Warme Apfelsuppe

Barackleves Aprikosensuppe

Birsalmaleves Quittensuppe

Cseresznyeleves Kirschsuppe

Suppen

Görögdinnyeleves Wassermelonensuppe

Málnaleves tejfelesen Himbeersuppe mit saurer Sahne

Málnaleves vörösborral Himbeersuppe mit Rotwein

Meggyleves tejfelesen, füszeresen, hidegen Kalte Weichselsuppe mit Gewürz und saurer Sahne

Meggyleves tejfelesen Weichselsuppe mit saurer Sahne

Meggyleves vörösborral Weichselsuppe mit Rotwein

Őszibarackleves Pfirsichsuppe

Ribizlileves somlói borral Johannisbeersuppe mit Somlóer Wein

Sárgadinnyeleves Melonensuppe

Szilvaleves ciberével, hidegen Ungarische Pflaumensuppe; Weizenschrot wird abgebrüht und mit einer Schnitte Brot zwei bis drei Tage lang gegoren und abgeseiht; in dieser Brühe werden die Pflaumen mit etwas Zucker gekocht, mit Mehl und saurer Sahne eingedickt und eventuell mit Zimt abgeschmeckt

Szilvaleves tejfelesen, melegen Warme Pflaumensuppe mit saurer Sahne

Vegyes gyümölcsleves fehér borral Obstsuppe mit Weißwein

Vegyes gyümölcsleves, hidegen Kalte Obstsuppe

Vegyes gyümölcsleves tejfelesen, melegen Warme Obstsuppe mit saurer Sahne

Suppen

Magyar leveskülönlegességek
Spezifisch ungarische Suppen

Es gibt auch eine Reihe von Suppen, die auf den Speisekarten nur ab und zu angeboten werden. Dazu gehören international bekannte und spezifisch ungarische Suppen. Doch für ein Festessen sind sie jederzeit bestellbar, beispielsweise die Schildkrötensuppe. Die folgenden spezifisch ungarischen Suppen gehören zu dieser Gruppe.

Bakonyi betyárleves Bakonyer Betyárensuppe; ein zerlegtes Huhn und gewürfeltes Rindfleisch werden in Salzwasser aufgekocht, Pfeffer, Knoblauch, Kirschpaprika, Rosmarin in einem Gewürzbeutel hineingegeben; das Fleisch wird bei mäßiger Hitze gargekocht; zum Schluß kommt noch in dünne Scheiben aufgeschnittenes Wurzelwerk (Suppengrün) dazu; feine Fadennudeln werden als Einlage eingekocht; die Suppe wird zusammen mit dem Fleisch gereicht

Erdélyi fűszeres leves Siebenbürger Gewürzsuppe; Fleischbrühe wird abgefettet; Petersilie, Schnittlauch, Estragon, Dill und Selleriegrün werden feingeschnitten, Sahne und Eidotter daruntergezogen, mit heißer Suppe glattgerührt und in die heiße Suppe eingelassen; die Suppe wird heiß in Tassen serviert

Jókai bableves Bohnensuppe à la Jókai (Jókai war ein großer ungarischer Schriftsteller); weiße Bohnen werden mit geräuchertem Eisbein, Pfeffer und Knoblauch halbweich gegart; Möhren und Petersilienwurzel werden dazugegeben; die Suppe wird mit einer Mehlschwitze mit Zwiebel und Gewürzpaprika eingedickt, mit Mettwurstscheiben aufgekocht und mit dem Fleisch serviert

Kunsági pandúrleves Kunschager Pandurensuppe; eine Hühner- oder Taubensuppe wird mit Wurzelwerk (Suppengrün), Gewürzpaprika, geriebener Muskatnuß, Ingwer und Knoblauch gekocht, geseiht, mit einer braunen Mehlschwitze eingedickt, mit Tomatenmark und Zitronensaft abgeschmeckt und mit saurer Sahne wieder aufgekocht; der

Suppen

Vogel wird zerlegt, das Wurzelwerk kleingeschnitten und mit der Suppe zusammen serviert

Magyaros csirkeaprólékleves Ungarische Hühnerkleinsuppe; Leber, Magen, die Flügelglieder und gewürfelte Champignons werden zu einem Pörkölt angesetzt, mit Wasser aufgegossen, mit gewürfeltem Wurzelwerk (Suppengrün), gewürfelten Kartoffeln und schließlich mit Paprikaringen und Tomatenvierteln zusammen gargesotten

Nyírségi gombócleves Klößchensuppe nach Nyírséger Art; gewürfeltes Kalbfleisch oder Schweinefleisch, gewürfelte Möhren, Petersilien- und Selleriewurzeln und Pilze werden zu einem Frikassee angesetzt; kleine Klößchen aus gekochten, geschälten und durch das Sieb gerührten Kartoffeln mit etwas Mehl, Salz, Pfeffer und Petersilie werden in der Brühe ausgekocht

Orjaleves Schweinerückensuppe; das Rückgrat wird zerteilt und mit den darauf haftenden Fleischresten, gevierteltem Wurzelwerk (Suppengrün), Knoblauch, Zwiebeln und Pfeffer in einem Gewürzbeutel bei schwachem Feuer, damit die Suppe klar bleibt, ausgekocht; die Knochen werden mit geriebenem Meerrettich als Beilage serviert

Palócleves Palóc-Suppe; gewürfeltes Hammelfleisch wird auf gelb angelaufenen Zwiebeln kurz angebraten, gesalzen, mit Gewürzpaprika bestreut, mit Pfeffer, Lorbeer, Kümmel und Knoblauch versetzt und gargeschmort; von den Beinen wird eine Brühe gekocht, das Fleisch damit aufgegossen, mit einer hellen Mehlschwitze und saurer Sahne gut aufgekocht und mit gegarten Brechbohnen und Salzkartoffeln als Einlage serviert

Tejfölös malacaprólékleves Ferkelkleinsuppe mit saurer Sahne; die kleingeschnittenen Ohren, die Füße und der Schwanz werden auf gelb angelaufenen Zwiebeln mit Paprika etwas angebraten, gesalzen, gepfeffert, mit etwas Majoran und Lorbeer geschmort, zum Schluß mit Wasser auf-

Suppen

---

gegossen, mit einer hellbraunen Mehlschwitze eingedickt, mit saurer Sahne gargekocht und mit Zitronensaft abgeschmeckt serviert

Nemzetközi leveskülönlegességek
Internationale Suppen-Spezialitäten

Angol csirkeleves Englische Hühnchensuppe

Angol ürüleves Englische Hammelsuppe

Borleves Weinsuppe

Borscsleves lengyelesen Polnischer Borschtsch

Bárányleves bolgár módra Bulgarische Lammfleischsuppe

Francia hagymaleves Französische Zwiebelsuppe

Galambleves Taubensuppe

Minestra Minestra

Orosz borscsleves Russischer Borschtsch

Rákkrémleves Krebscremesuppe

Rákleves Krebssuppe

Román csorbaleves Rumänische Tschorba-Suppe

Sörleves Biersuppe

Szerb csirkeleves Serbische Hühnchensuppe

Teknősbékaleves Schildkrötensuppe

Mártások
Soßen

Die Ungarn essen fast alles mit einer Soße, und diese Soße wird meistens mit der Speise selbst und nicht unabhängig davon zubereitet. Der Pörkölt, die Paprikahühnchen und ähnliche Gerichte, viele Speisen mit Sauerkraut, das Wildbret, Fische und die meisten Fleischgerichte werden meistens auf gedünsteten und mit Gewürzpaprika vermengten Zwiebeln gargeschmort, und dieser Satz wird dann noch mit saurer Sahne, eventuell auch mit Mehl oder mit Paprikaringen und Tomaten versetzt. Daraus ergeben sich recht unterschiedliche, aber stets schmackhafte Soßen. Die selbständig zubereiteten Soßen sind allerdings mit der kalten Küche ebenfalls in die ungarische Gastronomie eingezogen und überall erhältlich.

Hideg mártások Kalte Soßen

Áfonyamártás Preiselbeerensoße, eine ungarische Spezialität; die frischen Beeren werden passiert, mit Rotwein und sehr wenig Zucker so lange gekocht, bis eine mehr oder weniger dicke Soße entsteht, die köstlich zum Wildbretbraten schmeckt

Anchovi mártás Anchovisoße

Andalúziai mártás Andalusische Soße

Cumberland mártás Cumberlandsoße

Ecetes mártás Sauce Vinaigrette

Soßen

Ecetes torma Meerrettich mit Essig, auch überwiegend nur in Ungarn bekannt; geriebener Meerrettich wird abgebrüht, mit entfetteter Fleischbrühe zu einem dicken Brei vermengt, mit etwas Essig und Zucker abgeschmeckt und zu Tellerfleisch oder anderen gesottenen Fleischspeisen serviert

Hideg fokhagymás mártás Kalte Knoblauchsoße

Hideg paprikás mártás Kalte Paprikasoße, ebenfalls eine ungarische Spezialität und nicht zu verwechseln mit der warmen Paprikasoße, die mit gedünsteten Zwiebelscheiben und Gewürzpaprika, eventuell auch mit Paprikaringen und Tomatenvierteln oder mit saurer Sahne zubereitet wird; die kalte Paprikasoße wird aus geschälten dicken Tomatenpaprikavierteln zubereitet; diese werden gekocht, durch das Sieb gerührt, mit Gewürzpaprika, Rotwein und herzhaftem Tomatenmark versetzt und gekühlt zu gegrilltem Braten serviert

Majonézmártás Mayonnaise

Metélőhagyma mártás Schnittlauchsoße

Mustármártás Mostrichsoße

Orosz kaviáros mártás Russische Soße mit Kaviar

Remoulade mártás Remoulade

Svéd mártás Schwedische Soße; geschälte Äpfel werden in Weißwein gedünstet, abgekühlt, durch ein Sieb gerührt, mit Mayonnaise, Salz, Zitronensaft, Essig und mit dem Saft von abgelegenem, ausgepreßtem und geriebenem Meerrettich versetzt; die Schwedische Soße wird zu kaltem Braten serviert

Tárkonyos mártás Estragonsoße

Tartármártás Sauce Tartare

Worchester-mártás Worchester-Soße

Soßen

Meleg mártások   Warme Soßen

Almamártás   Apfelsoße

Angol kenyérmártás   Englische Brotsoße

Bakonyi gombamártás   Pilzsoße nach Bakonyer Art; geschnittene Pilze werden in Butter mit feingeschnittenen Zwiebelscheiben leicht angebraten, mit Gewürzpaprika, Salz und Paprikaringen abgeschmeckt aufgegossen, mit etwas Mehl und saurer Sahne eingedickt und mit Sahne serviert

Bearni mártás   Sauce Béarnaise

Bercy-mártás   Sauce Bercy

Besamell   Béchamelsoße

Céklamártás   Rote-Rüben-Soße

Colbert-mártás   Sauce Colbert

Curry-mártás   Currysoße

Fehér hagymamártás   Weiße Zwiebelsoße

Fehérmártás   Weiße Soße

Gombamártás tejföllel   Pilzsoße mit Sahne; die feingeschnittenen Pilze werden auf angedünsteten Zwiebelscheiben bei starker Hitze jäh gebräunt, mit Mehl bestreut und leicht angebraten, anschließend mit wenig Wasser aufgegossen, mit Salz und Pfeffer abgeschmeckt, 20 bis 25 Minuten lang bei mäßiger Hitze gekocht und schließlich mit saurer Sahne und etwas Mehl eingedickt; warm halten läßt sich die Soße nur im Dampfbad; gestoßene Butter wird beigegeben

Hagymamártás   Zwiebelsoße

Soßen

Hollandi mártás Sauce Hollandaise

Kapormártás Dillsoße; Zwiebelscheiben werden goldgelb gebräunt; anschließend wird eine helle Mehlschwitze bereitet; dazu gibt man feingehackten Dill und löscht mit etwas Wasser ab; abgeschmeckt mit Salz, Zucker und etwas Essig und nochmals aufgekocht mit saurer Sahne wird die Soße zu gefülltem Kürbis oder gesottenem Rindfleisch serviert

Kaprimártás Kapernsoße

Meggymártás Weichselsoße; Wasser wird mit Salz, Zukker, Zimt, Nelke und Zitronenschale aufgekocht; die entsteinten Weichseln werden hineingegeben und gargekocht; die Hälfte der Weichseln wird durch das Sieb gerührt, mit etwas Mehl und saurer Sahne abgetrieben, in den Topf zurückgegossen und noch einmal aufgekocht; die Weichselsoße wird vor allem zu gesottenen Fleischgerichten serviert

Paradicsommártás Tomatensoße; eine helle Mehlschwitze wird mit Tomatenmark verrührt, mit Brühe aufgegossen, mit Salz, Zwiebeln, etwas Pfeffer und Sellerie abgeschmeckt, aufgekocht und geseiht; schließlich kommt oben noch ein wenig Butter darauf, damit sich keine Haut bildet

Sajtmártás Käsesoße

Sóskamártás Sauerampfersoße

Szardellamártás Sardellensoße

Tejfölös tormamártás Meerrettichsoße mit saurer Sahne; geriebener Meerrettich wird abgebrüht, geseiht, mit einer hellen, mit Brühe aufgegossenen Mehlschwitze versetzt, gut ausgekocht und mit saurer Sahne, etwas Zucker und etwas Zitronensaft abgeschmeckt

Soßen

Tejszines, kapros, paprikás mártás Warme Paprikasoße mit Sahne und Dill; angelaufene, feingeschnittene Zwiebelscheiben werden mit Gewürzpaprika, Paprikaschoten und Tomatenscheiben geschmort, mit etwas Mehl und Sahne gebunden, mit Brühe aufgegossen, aufgekocht, geseiht und mit feingeschnittenem Dill nochmals aufgekocht

Uborkamártás Gurkensoße

Vadmártás Wildbretsoße; von den Knochen wird mit Wurzelwerk, Suppengrün, Zwiebeln, Gewürz, Wein und Essig eine Brühe gekocht; gewürfelter Speck wird glasig gebraten; gewürfelte Möhren, Petersilienwurzeln, Zwiebeln und Pilze werden kurz angebraten; eine dunkelbraune Mehlschwitze wird mit der Brühe und mit Rotwein aufgegossen, mit dem Fond vermengt, aufgekocht, entfettet und mit Tomatenmark versetzt

Zellermártás Selleriesoße

Tojásos ételek, tészták
Eierspeisen, Eierteigwaren

Bevert tojás   Verlorene Eier, pochierte Eier

Borított tojás   Gestürztes Ei; in eine mit Butter ausgestrichene Form wird ein Ei geschlagen, in siedendem Wasser gegart, dann abgestellt, schließlich gestürzt und mit verschiedenen Soßen serviert

Edényben párolt tojás   Gedämpfte Eier in einer mit Butter ausgestrichenen, feuerfesten Tasse gedämpft und mit Ragout oder Soße serviert

Forró töltött tojás   Warme gefüllte Eier

Habart tojás   Rührei, mit Rahm und Butter angerührt und mit verschiedenen Ragouts serviert

Kemény tojás   Hartes Ei

Lágy tojás   Weiches Ei im Eierbecher oder Glas; Zwei-Minuten-, Drei-Minuten-, Vier-Minuten-Ei nach Wunsch

Nyers tojás   Rohes Ei

Sajtos tojás   Eierspeise mit Käse

Savanyú tojás tejfölösen   Saure Eier mit Sahne; eine Mehlschwitze wird mit Zucker angebräunt; feingeschnittene Zwiebel und Lorbeer werden dazugegeben; nach einigen Minuten kommen Wasser, Salz, Pfeffer, geriebene Zitronenschale, Mostrich und Essig dazu; das Ganze wird wieder aufgekocht, dann abgeseiht und wiederum aufgekocht, um ein Ei nach dem anderen hineinzugeben; nach drei bis vier Minuten werden die Eier herausgenommen; die Soße wird mit saurer Sahne angerührt und auf die Eier gegossen

Sonka tojással Ham and eggs

Szalonnás, kolbászos, zöldpaprikás rántotta Eierspeise mit Speck, Trockenwurst und Paprikaschoten; feingehackter Speck wird ausgelassen; dünne Zwiebelscheiben und Paprikaringe oder -schnitten werden einige Minuten lang geschmort, dann gesalzen und mit Paprikapulver bestreut; die Eier werden gequirlt und nach dem Unterheben dünner Trockenwurstscheiben in der heißen Paprikasoße kurz gebacken, bis das Ei fest wird; diese Speise ist auf Wunsch in allen Gaststätten erhältlich

Tojás kalocsai módra Ei nach Kalocsaer Art; eine kleine Tomatenpaprikaschote wird vom Samengehäuse gereinigt, in einem heißen Ölbad vorgebraten, auf eine gebutterte Schüssel gelegt und gesalzen; dann wird ein Ei in die Mitte geschlagen und das Ganze im Rohr gargebacken

Tojás-omlett Omelett; es gibt unzählige Varianten mit den unterschiedlichsten Füllungen; eine ungarische Spezialität ist das Omelett nach Debreziner Art (siehe Kapitel Vorspeisen)

Tojásrántotta Eierspeise; Eiweiß und Dotter werden kräftig verrührt, in heißes Schmalz eingelassen, umgerührt und mehr oder weniger locker serviert

Tükörtojás Spiegelei

Tojásos tészták Eierteigwaren

Eierteigwaren gibt es in Ungarn in überraschender Vielfalt. Sie werden als Beilage oder als Süßspeise, in Wasser oder in Milch gekocht bzw. gebacken serviert, auch als Hauptgericht nach einer guten Suppe oder sogar als Eintopfgericht.

Eierspeisen, Eierteigwaren

Früher stellten die Hausfrauen im Sommer, der Hochsaison der Hühner, den ganzen Vorrat für den Winter her. Heute werden Eierteigwaren industriell hergestellt. Nur auf den Wochenmärkten gibt es bei den Bäuerinnen noch immer hausgemachte Fadennudeln, Eiergersten, Nudelschnecken und Fleckerl. Einige dieser Teigwaren sind übrigens außerhalb Ungarns nicht bekannt.

Barackos gombóc Aprikosenknödel (siehe Zwetschgenknödel)

Burgonyasodralék dióval Kartoffelnudeln mit Nuß

Burgonyasodralék káposztával Kartoffelnudeln mit Kraut; die Nudeln werden mit gedünstetem, feingehacktem Kraut vermengt (siehe Krautfleckerl)

Burgonyasodralék mákkal Kartoffelnudeln mit Mohn

Burgonyasodralék morzsával Kartoffelnudeln; der Knödelteig wird zu langen Schlangen ausgerollt, die aufgeschnitten und mit einer schnellen Bewegung der Handfläche zu dicken Nudeln gedreht werden; Semmelmehl wird in zerlassener Butter angebräunt, und die in siedendem Salzwasser ausgekochten Nudeln werden damit vermengt

Diós metélt Nußnudeln; der Eierteig wird in Nudeln geschnitten, ausgekocht und mit gesüßten, geriebenen Nüssen serviert

Galuska Nockerln; Mehl, Eier, Salz und ein wenig Fett werden mit Wasser zu einem dicken Brei angerührt und durch ein großlochiges Reibeisen o. ä. in siedendes Salzwasser gerieben; nach dem Aufkochen werden die Nockerln herausgehoben, unter Wasser abgespült und auf ausgelassenes Fett gegeben; Nockerln sind die übliche Beilage für Paprikahühnchen und Pörkölts

Juhtúrós galuska Schafskäsenockerln; die fertigen Nokkerln werden mit zerdrücktem Schafkäse vermengt serviert

Eierspeisen, Eierteigwaren

Káposztás kocka Krautfleckerl; feingehackte Krautblätter werden mit Salz und Pfeffer in heißem Fett unter dem Deckel gargeschmort; die in Salzwasser gargekochten Flecken werden leicht untermengt

Mákos metélt Mohnnudeln; sie werden mit gesüßtem feingeriebenem Mohn serviert

Rakott makaróni Geschichtete Makkaroni

Sajtos makaróni Makkaroni mit Käse

Sajtos metélt Käsenudeln, mit geriebenem Käse und saurer Sahne serviert

Sonkás kocka Schinkenfleckerl; kleingehackter Schinken wird auf zerlassenem Speck angebräunt und mit Pfeffer versetzt; die gargekochten Fleckerl werden darauf geschöpft; in das Kochwasser gibt man wenig Fett, damit die Fleckerl nicht zusammenkleben; saure Sahne wird untergehoben, und das Ganze wird in einer feuerfesten Schüssel im Rohr überbacken

Spagetti paradicsommártással Spaghetti mit Tomatensoße

Stíriai metélt Steirische Nudeln

Szilvaízes gombóc Knödel mit Pflaumenmus; anstatt mit Zwetschgen werden die Knödel mit Pflaumenmus gefüllt

Szilvás gombóc Zwetschgenknödel; gekochte, geschälte und durch das Sieb gerührte Kartoffeln werden mit wenig Fett besprengt, gesalzen, mit einem Ei und etwas Mehl zu einem weichen Teig verarbeitet, ausgerollt, aufgeschnitten und mit je einer Zwetschge in der Mitte zum Knödel geformt; die Zwetschgen werden meistens entsteint und oft mit Zucker und Zimt gesüßt, die Knödel werden in schwach siedendem Wasser gekocht, bis sie an die Oberfläche steigen;

in gebräuntem Semmelmehl umgedreht, werden die Knödel mit Zimtzucker serviert

Tarhonya Eiergersten; ein harter Knetteig aus Eiern und Mehl wird auf dem Sieb aufgebröckelt und gedörrt; bei der Zubereitung werden die Eiergersten erst auf Fett goldgelb gebraten, dann mit Wasser aufgegossen und fertig gegart, mit Salz und Zwiebel abgeschmeckt und als Beilage zum Pörkölt und zum Tokány serviert

Tojásos galuska Eiernockerln; gut verrührte und gesalzene Eier werden über die fertigen Nockerln gegossen und auf mäßiges Feuer gestellt, bis sie fest werden; die Eiernokkerln sind ein Eintopfgericht, das mit Kopfsalat serviert wird

Töltött metélt Nudeln mit süßer Fülle; mehrere Eigelbe werden mit Zucker schaumig gerührt, mit Vanille und geriebener Zitronenschale versetzt, unter steif geschlagenen Eischnee gehoben und mit den Nudeln vermengt; in einer ausgebutterten und mit Semmelbröseln bestreute Schüssel oder Pfanne wird nun eine Schicht dieser Masse ausgebreitet und mit Marillenmarmelade bestrichen; dann folgt wieder eine Schicht Nudeln, darüber geriebene Nüsse und zum Schluß wieder eine Schicht Nudeln; nach dem Überbacken im Rohr wird die Speise heiß serviert

Túrógombóc Quarkknödel; geriebener Quark wird mit Butter und Eigelb angerührt und mit Grieß zu einem Brei versetzt; steif geschlagener Eischnee wird untergehoben; nach einer Stunde werden Knödel geformt und in siedendem Wasser ausgekocht; die Knödel werden in gebräuntes Semmelmehl geschöpft und mit saurer Sahne warm serviert

Túróscsusza Quarkfleckerl; ein Knetteig aus Mehl und Eiern wird sehr dünn ausgerollt und in Flecken gezupft; die Flecken werden in siedendem Salzwasser gargekocht und auf zerlassenen Speck geschöpft; Quark wird reichlich untergehoben, saure Sahne wird darübergegossen, die Grieben kommen obenauf

Halak, halételek
Fische, Fischgerichte

Im 15. und 16. Jahrhundert hieß es: »Die Flüsse Ungarns führen nur bis zur Hälfte Wasser, die andere Hälfte ist nichts anderes als Fisch.« Tatsächlich wurden im Laufe der Jahrhunderte nur in Norwegen mehr Fische gefangen als in Ungarn. Inzwischen ist dieser fabelhafte Fischbestand allmählich zurückgegangen, und verschwunden sind auch viele der über 200 alten Fischrezepte.

In Ungarn meint man, daß nur Männer Fische wirklich gut zubereiten können, was sich vermutlich daraus ableiten läßt, daß die Fischer schon immer die besten Kenner von Fischen und folglich auch von Fischgerichten waren. Auch bei den alljährlich stattfindenden Wettbewerben für die Zubereitung von Fischgerichten gibt es fast keine weiblichen Teilnehmer.

Bajai halászlé   Bajaer Fischersuppe; der einzige Unterschied zur Szegediner Fischersuppe besteht darin, daß auch noch Kartoffeln zugegeben werden

Csuka tejfölben sütve   Hecht, in saurer Sahne gebraten; die gesalzenen und gepfefferten Filets werden in einer gebutterten feuerfesten Schüssel halb gebraten, dann mit saurer Sahne übergossen und fertiggegart; der Satz wird mit Fischbrühe verdünnt und mit in Butter verarbeitetem Mehl legiert; vor dem Servieren wird das Gericht nochmals mit saurer Sahne übergossen

Csuka tejfölös tormamártásban   Hecht mit Meerrettichsoße; der Hecht hat schönes, weißes, mürbes Fleisch, aber auch viele Gräten; die Filets werden erst in einer aus

Schwanz, Kopf und Knochen hergestellten Brühe gegart; die Brühe wird kurz eingekocht und unter die mit saurer Sahne vermengte Meerrettichsoße gezogen

Csuka szardellamártásban   Hecht mit Sardellensoße

Fogas fehérbor mártásban   Zander in Weißweinsoße

Fogas keszthelyi módra   Zander nach Keszthelyer Art (Keszthely ist ein Badeort am Balaton); die gesalzenen Filets werden in eine gebutterte Schüssel gelegt, mit feingeschnittenen Zwiebeln, Pilzen und mit geschälten Tomatenscheiben bedeckt, mit Weißwein übergossen, mit gefetteter Alufolie abgedeckt und gargeschmort

Fogasszeletek bakonyi módra   Zanderfilets nach Bakonyer Art; die gesalzenen Filets werden in eine gebutterte Schüssel gelegt; Perlzwiebeln und Champignonwürfel werden auf Butter gedünstet, braun gebraten, mit Paprika bestreut, mit süßer und saurer Sahne angerührt, aufgekocht und auf die Filets gegossen; der Fisch wird gargeschmort und mit Petersilie und Nockerln serviert

Fogasszelet forrázva   Gesottener Zander

Fogasszelet Gundel módra   Zanderfilets à la Gundel (Gundel ist der Familienname der berühmtesten ungarischen Gastwirtsdynastie); die Filets werden paniert und gebacken; in eine gebutterte Schüssel werden Spinatblätter und darauf in die Mitte die gebackenen Filets gelegt, ringsherum Pommes Duchesse; auf die Filets wird Mornay-Soße gegossen; nach dem Überbacken im Rohr wird diese herrliche Speise serviert

Fogasszeletek paprikás mártásban   Zanderfilets in warmer Paprikasoße; der Zwiebel-Paprikafond wird mit Paprikaschoten, der Fischbrühe und saurer Sahne versetzt; die gesalzenen Filets werden in dieser Soße gegart und mit Nokkerln serviert

Fische, Fischgerichte

Fogasszelet Molnárné módra   Zander nach Art der Müllerin; die gesalzenen, gepfefferten und in Mehl gewendeten Filets werden mit erhitztem Öl auf beiden Seiten gebraten; das Öl wird abgegossen; die Filets werden mit Butterbröckchen bestreut und dann zugedeckt, mit Zitronensaft beträufelt, mit feingehackter Petersilie, Kopfsalat und Zitronenscheiben geschmückt und mit Butterschmalz übergossen serviert

Fogasszelet natúr módra   Zanderschnitzel natur

Fogasszelet rákkal csőben sütve   Zanderschnitte mit Krebs à la Walewska, im Ofen gebraten

Fogasszelet rákpörkölttel   Zanderfilets mit Krebspörkölt; die gesalzenen Filets werden in kurzer Fischbrühe gargeschmort und auf die Platte gelegt; der Sud wird unter den Krebspörkölt gezogen und auf die Filets gegossen

Fogasszelet rántva   Zanderschnitzel paniert

Fogasszelet rostélyon sütve   Zanderfilets, in Alufolie am Rost gebraten

Fogasszelet vajban   Zanderschnitte in Butter

Halfatányéros   Fisch-Holzplatte, eine Spezialität der Fischergaststätten für mehrere Personen; gebratene Zander- oder Schillfilets, Pariser Welsschnitzel und panierte Karpfenschnitzel werden mit Kopfsalat, russischem Salat, Selleriesalat, geviertelten Tomaten und Petersilienkartoffeln angerichtet und mit Sauce Tartare serviert

Harcsaszelet fűszermártásban   Welsfilets in Gewürzsoße; die Filets werden gesalzen und mit Pfeffer eingerieben in die gebutterte Schüssel gelegt, mit Fischbrühe und Weißwein begossen sowie mit etwas feingehackten Zwiebeln, Lorbeer, Thymian und grobgestoßenem Pfeffer gargeschmort; der Saft wird mit in Butter verarbeitetem Mehl, Sahne und Ei-

Fische, Fischgerichte

dotter legiert; die Filets werden mit geschälten Tomatenscheiben geschmückt und mit etwas Zitronensaft beträufelt serviert

Harcsaszeletek paprikás-kapros káposztában Welsfilets mit Sauerkraut; das Sauerkraut wird mit auf zerlassenem Speck gedünsteten Paprikaschotenringen und Fischbrühe gekocht, mit einer hellen, mit Dill und Gewürzpaprika abgeschmeckten Mehlschwitze eingedickt und mit saurer Sahne versetzt; die gesalzenen und mit Gewürzpaprika eingeriebenen Filets werden auf das Sauerkraut gelegt, gargesotten und mit feingehacktem Dill und saurer Sahne geschmückt serviert

Kalocsai halászlé Kalocsaer Fischersuppe wird mit etwas Rotwein gekocht und mit Nudelzipfchen als Einlage serviert (siehe *Szegedi halászlé*)

Kecsege forrázva Gesottener Stör

Kecsege rántva Panierter Stör

Kecsege rostélyon sütve Am Rost gebratener Stör

Kecsege szegediesen Szegediner Stör; der gesalzene, mit Gewürzpaprika eingeriebene Stör wird mit Butter halbgegart, dann mit Tomatenpaprikamus bestrichen, in der Röhre gargebraten und mit gegarten, gewürfelten Wurzeln serviert

Kecsege tejszines, paprikás mártásban Stör in Paprikasoße mit Sahne (wie *Fogasszeletek paprikás mártásban*)

Kecsege töltve, fehérborban pácolva Gefüllter Stör in Weißwein

Kecsege vajban Stör in Butter

Paprikás ponty Paprikakarpfen; die gesalzenen Filets werden in eine gebutterte feuerfeste Schüssel gelegt; ein Zwiebel-Paprika-Fond – d.h. auf Fett goldgelb gebräunte feinge-

Fische, Fischgerichte

schnittene Zwiebeln, mit Gewürzpaprika vermengt – wird mit saurer Sahne aufgegossen und auf den Filets ausgebreitet; das Gericht wird im warmen Ofen gegart und mit Nokkerln serviert; obenauf kommen noch Paprikaringe als Verzierung

Pisztráng Forellen sind je nach der Laichzeit erhältlich und werden nicht nach Portionen, sondern nach Gewicht verkauft; sie werden in Alufolie mit gewürzter Butter gebraten

Pisztráng kékre főzve   Forelle blau

Pisztráng mandulával sütve   Forelle mit Mandeln

Pisztráng rántva   Forelle paniert

Pisztráng tejszines mártásban   Forelle, in Sahne gebraten (siehe *Csuka tejfelben sütve*)

Pisztráng töltve, papírban, rostélyon sütve   Gefüllte Forelle, am Rost gebraten; der Fisch wird durch einen Schlitz den Rücken entlang aus den Gräten gelöst; er wird ausgewaschen, gesalzen und mit gesottenem Krebsfleisch gefüllt; der Schlitz wird zugenäht; der Fisch wird auch außen mit Salz eingerieben, in gebuttertes Papier eingeschlagen, auf dem Rost auf beiden Seiten gut gebraten und mit gebratener Petersilie und Zitronen serviert

Ponty forrázva   Gesottener Karpfen

Ponty fűszeres mártásban   Karpfen in Gewürzsoße

Ponty vörösboros mártásban   Karpfen in Rotweinsoße; die gesalzenen und gepfefferten Filets werden in eine gebutterte Schüssel gelegt; Perlzwiebeln und Champignonwürfel werden auf Butter gedünstet, mit Lorbeer und Rotwein versetzt, auf die Filets gegossen und gegart; der Satz wird mit Butter und Mehl legiert und nochmals aufgekocht

Fische, Fischgerichte

Ponty háziasan Karpfen nach Hausmannsart; gewürfelte Wurzeln werden mit Zwiebelscheiben auf Butter mit Fischbrühe und Weißwein gedünstet, gesalzen, gepfeffert und mit feingehackter Petersilie aufgekocht; die Fischfilets werden in diesem Fond geschmort, mit Sahne und Eidotter legiert und mit Zitronensaft abgeschmeckt; dieses Gericht wird in einer Suppenschüssel serviert

Ponty kalocsai módra Karpfen nach Kalocsaer Art; der Karpfen wird aus den Gräten genommen, mehrmals eingeschnitten und mit Speck garniert; die Filets werden gesalzen, mit Gewürzpaprika eingerieben und mit feingeschnittenen Paprikaschoten auf Butterschmalz im Ofen gebraten; beim Servieren werden die Filets herausgenommen; der Saft wird mit Gewürzpaprika erhitzt, mit Sahne gelöscht und über die Filets gegossen

Ponty lecsóban Karpfen mit Lecso; die Filets werden in einem Pörkölt-Fond gedünstet; auf zerlassenem Speck werden Zwiebelringe geschmort, mit viel Gewürzpaprika vermengt, mit Paprikaringen und Tomatenvierteln versetzt und noch einige Minuten lang weitergeschmort; das ist der Lecso, von dem beim Servieren auf jedes Filet ein Häufchen gestülpt wird

Ponty magyarosan Karpfen nach ungarischer Art; die Filets werden auf einem Pörkölt-Fond gedünstet und mit Paprikaringen und Tomatenvierteln serviert

Ponty paprikás mártásban Karpfen in Paprikasoße (siehe *Fogasszeletek paprikás mártásban*)

Ponty rántva Panierte Karpfenschnitte

Ponty rostélyon törökösen Karpfen vom Rost nach türkischer Art; die Filets werden gesalzen und gepfeffert und mit Zitronensaft, Zwiebeln, Knoblauch, Thymian, Kerbel, Rosmarin, Lorbeer und Zitronenschale ein bis zwei Stunden lang abgelegt; feingehackte Wurzeln, Sellerie und Knoblauch werden in erhitztem Öl angebraten, gesalzen, gepfeffert, mit Tomatenmark versetzt und aufgekocht; die Fischfilets werden mit Öl bestrichen und bei starker Hitze am Rost gebraten

Ponty sörben párolva   Karpfen, in Bier gedünstet

Ponty tejszínes tormával   Karpfen mit Meerrettich und Sahne; die Filets werden gesalzen und in der Fischbrühe, mit etwas Zitronensaft abgeschmeckt, gargekocht; die Sahne wird steif geschlagen, etwas gesüßt und mit Cayennepfeffer und frisch geriebenem Meerrettich abgeschmeckt; die Filets werden mit Zitronenscheiben serviert

Ponty vörösbor mártásban   Karpfen in Rotweinsoße, mit Pilzen, Perlzwiebeln und Rotwein zubereitet

Rácponty   Raizischer Karpfen; die Filets werden gesalzen und mit Gewürzpaprika eingerieben; in eine mit Fett ausgestrichene Pfanne werden erst dünne Kartoffelscheiben, dann die Filets, der Rogen oder die Fischmilch, wenig dünngeschnittene Zwiebeln, Paprikaringe, geschälte halbierte Tomaten, Salz und Gewürzpaprika übereinander geschichtet, mit zerlassenem Speck begossen, in der Röhre halbgar gebacken und mit saurer Sahne bei mäßiger Hitze fertiggeschmort

Süllő roston, egészben sütve   Schill, am Rost gebraten; dem ausgenommenen Schill (ähnlich dem Zander) wird das Rückgrat in der Mitte gebrochen, damit er beim Braten eine schwungvolle Linie erhält; der gesalzene, mit Fett oder Butter bestrichene Schill wird mit Petersilienkartoffeln, Sauce Tartare und mit Zitronenscheiben serviert (nach Gewicht berechnet)

Sült keszeg   Gebratener Weißfisch; die kleinen Weißfische – im Balaton gibt es viele mit einem Gewicht von 200 bis 250 g – werden ausgenommen, gesalzen, in Mehl und Gewürzpaprika gewendet und in erhitztem Öl auf beiden Seiten rasch gebraten; gebratener Weißfisch ist in den Fischer-

buden, die den Balaton entlang überall zu finden sind, erhältlich

Szegedi halászlé Szegediner Fischersuppe: sie wird aus mindestens dreierlei Fischen zubereitet, meistens aus Karpfen, Weißfisch und Zander oder Wels; Flossen, Knochen und Kopf werden mit viel Zwiebeln in Salzwasser mindestens zwei Stunden lang gegart; der Sud wird durch das Sieb gerührt, mit viel Szegediner Gewürzpaprika (scharf), Paprikaringen, Tomatenvierteln, dem Rogen oder der Fischmilch und dem in dicke Stücke aufgeschnittenen Rumpf vermengt und ohne Aufrühren noch 15 bis 20 Minuten lang weitergekocht; beim Servieren werden erst die Fischstücke auf den Teller gelegt, dann wird die Suppe darüber gegossen

Tejfölös, gombás pontyszelet Karpfenfilets mit Pilzen und saurer Sahne; feingeschnittene Pilze werden mit etwas Zwiebeln und Salz gedünstet, mit Mehl bestäubt, mit verdünnter saurer Sahne aufgegossen und aufgekocht; die gesalzenen und gepfefferten Filets werden ohne Umrühren in diesem Satz gargedünstet oder eventuell im Ofen geschmort; serviert wird das Gericht mit Nockerln oder Makkaroni

Töltött ponty Gefüllter Karpfen; der Karpfen wird aus den Gräten genommen, innen ausgewaschen, getrocknet und gesalzen; mit in Milch aufgeweichten Semmeln, kleingeschnittener Fischleber, mit Rogen oder der Fischmilch, Schnittlauch und Petersilie, einem Ei und den Gewürzen wird eine Fülle zubereitet; der Fisch wird gefüllt und der Schlitz zugenäht; anschließend wird der Fisch mit Salz eingerieben und auf Butter gebraten; der Satz wird mit Weißwein gelöscht, aufgekocht und mit dem Fisch serviert

Tengeri halak   Seefische

Seefische gelangen meistens über die Kühlkette nach Ungarn. Dorsch *(Tőkehal)*, Thunfisch *(Tonhal)* und Seezunge *(Nyelvhal)* gibt es am häufigsten.

Fische, Fischgerichte

Rák, béka, csiga   Krebs, Frosch, Schnecke

In Ungarn sind keine Seekrebse erhältlich. Aber im Fluß Zala gibt es sehr wohlschmeckende, wenngleich ganz kleine Krebstiere. Von diesen gibt es in den Restaurants schmackhafte Gerichte.

Békacomb csőben sütve   Froschschenkel, im Ofen gebraten

Békacomb gombával és rákkal   Froschschenkel mit Pilzen und Krebs

Békacomb paprikásan   Froschschenkel mit Paprikasoße

Békacomb rántva   Panierte Froschschenkel

Csiga rántva   Schnecke paniert

Magyaros rákragu   Krebsragout nach ungarischer Art; geriebene Zwiebeln werden in Butterschmalz gebräunt, mit Pilzen, Paprikaschoten und Tomatenvierteln vermengt, gesalzen und gedünstet; das Krebsfleisch wird dazugegeben, mit der Krebsbrühe aufgegossen, mit in Butter verarbeitetem Mehl versetzt und langsam aufgekocht; das Ragout wird sofort mit einer Reisbeilage serviert

Rák forrázva   Krebs

Rákleves   Krebssuppe

Rákmeridon   Krebsmeridon

Rákpörkölt   Krebspörkölt; die Krebse werden in einer gesalzenen und mit Kümmel und Petersilie abgeschmeckten Brühe gargesotten, aus der Schale gelöst, mit Gewürzpaprika und Mehl bestreut, mit der Brühe aufgegossen, aufgekocht, gesalzen und mit der Krebsbutter abgegossen

Rákrizottó   Krebsrisotto

Húsételek
Fleischgerichte

In der ungarischen Gastronomie werden die »tischfertigen«, in wenigen Minuten servierbaren Speisen von den »frischgebratenen« ausdrücklich unterschieden und auf den Speisekarten getrennt angeboten. In beiden Gruppen gibt es Kalbfleisch, Schweinefleisch, Rindfleisch, Hammel, Leber und Kaldaunen.

Kész borjúhús ételek
Fertige Kalbfleischgerichte

Borjúbecsinált Kalbsfrikassee

Borjúcsülök Kalbsfuß

Borjúgerinc gombapéppel Nierenbraten mit Pilzbrei

Borjújava serpenyőben Kalbsnuß in der Kasserolle

Borjúpaprikás Kalbspaprikasch; wie der Kalbspörkölt, nur zum Schluß kommt auch saure Sahne mit etwas Mehl dazu

Borjúpörkölt Kalbspörkölt; feingeschnittene Zwiebeln werden auf Fett hell gebräunt und mit Gewürzpaprika vermengt; das Fleisch wird zugegeben, gesalzen und ohne Wasserzugabe bei mäßiger Hitze mit etwas Knoblauchmus gedünstet; zum Schluß kommen Paprikaringe und Tomatenviertel hinzu; Nockerln oder Eiergersten werden als Beilage serviert

Fleischgerichte

Borjúragu Kalbsragout; das gesalzene und gepfefferte Fleisch wird in Mehl gedreht und leicht angebraten. Im Satz werden feingeschnittene Zwiebeln, gewürfeltes Wurzelwerk (Suppengrün) und grob gestoßene Pfefferkörner gebräunt, mit Tomatenmark versetzt und mit Weißwein aufgegossen; darin wird das Fleisch mit einem Gewürzbeutel (Petersilie, Sellerie, Lorbeer, Thymian) gargeschmort

Borjúragu zöldborsóval Kalbsragout mit grünen Erbsen

Borjúrizottó Kalbsrisotto; das gewürfelte Kalbfleisch wird auf Fett mit etwas Zwiebel, gewürfeltem Wurzelwerk (Suppengrün), Petersilie, Salz und Pfeffer gedünstet; der in erhitztem Fett angebratene Reis wird mit feingeschnittenen Pilzen vermengt, mit Wasser aufgegossen und das Fleisch damit gargesotten

Borjúsült Kalbsbraten

Borjútekercs töltve Kalbsrollbraten

Tejfölös, gombás borjúszelet Kalbsschnitzel mit Pilzsoße; die Schnitzel werden gesalzen, in Mehl gedreht, an beiden Seiten braun gebraten und in der Pilzsoße fertiggeschmort

Töltött borjúszegy Gefüllte Kalbsbrust; die ausgelöste Kalbsbrust wird mit einer Semmelfülle gefüllt, in einem Stück gebraten und mit Pilzen und Kartoffelmus serviert

Vagdalt borjúszelet Faschierte Kalbsschnitzchen

Frissensült borjúhúsok
Frisch gebratene Kalbfleischgerichte

Bécsi szelet Wiener Schnitzel

Borjúborda Kalbsrippchen

Fleischgerichte

Borjúborda Gundel módra Kalbsrippchen à la Gundel; die Rippchen werden paniert, gebacken, auf gebutterte Spinatblätter gelegt, mit Pilzen garniert, mit Mornay-Soße übergossen, mit dünnen Schinkenstreifen belegt und im Ofen überbacken

Borjúborda tavasziasan Kalbsrippchen mit Gemüse

Borjújavaszelet Kalbsnußschnitzel

Borjúkotlett rántva Kalbskotelett paniert

Borjúláb rántva Kalbsfüße paniert; die ausgelösten, vorbereiteten Füße werden mit viel Wurzelwerk (Suppengrün) gargesotten und abgekühlt, paniert und mit Bratkartoffeln, Zitronenscheiben und Sauce Tartare serviert

Borjúmájszelet Kalbsleber

Borjúmájszelet Marchal módra Kalbsleber à la Marchal; eingeschnittene Speckscheiben werden gebraten; die Leberschnitzel werden in diesem Schmalz gebraten und mit dem Speck abgedeckt serviert

Borjúvelő rántva Kalbshirn paniert; das Hirn wird gargekocht und abgekühlt, paniert und gebacken

Borjúvese roston Kalbsnieren, auf dem Rost gebraten

Natúr borjúszelet Naturschnitzel

Pirított borjúmáj Kalbsleber mit Paprikasoße; auf angelaufenen Zwiebelscheiben wird die in Streifen geschnittene Leber mit Gewürzpaprika, Pfeffer und Majoran rasch bei ständigem Rühren gargebraten

Pirított borjúszeletkék pirított burgonyával Kalbsschnitzchen mit Röstkartoffeln

Fleischgerichte

Sajtos töltött borjúszelet paprikás kaprimártással Gefüllte Kalbsschnitzel mit Käse und Kapernsoße

Kész marhahús ételek
Fertige Rindfleischgerichte

Alföldi rostélyos Rostbraten nach Alfölder Art mit Pörkölt-Soße und viel Wurzelwerk (Suppengrün)

Bácskai rostélyos Bácskaer Rostbraten, in einer mit zerlassenem Speck zubereiteten Pörkölt-Soße geschmort

Becsinált pacal Kuttelnfrikassee; Mehl wird mit Zwiebelscheiben auf Fett hell angeschwitzt, mit Pfeffer, Zitronensaft und Zitronenschale abgeschmeckt; damit werden die vorgesottenen Kutteln gargeschmort

Belsőségpörkölt Innereien (Herz, Leber, Lunge, Nieren) werden gewürfelt, abgebrüht, abgeseiht und in einer Pörköltsoße gargeschmort

Bélszínragu tavasziasan Lungenragout mit Gemüse; das gewürfelte, in Mehl gewendete Fleisch wird angeröstet; im Satz werden feingehacktes Wurzelwerk (Suppengrün), Zwiebeln, Knoblauch, Lorbeer, Pfeffer und Tomatenmark angebraten, mit Wein gelöscht; das Fleisch wird darin mit Pilzen und Thymian gargeschmort; das Gericht wird mit gedünstetem Gemüse serviert

Burgundi marhasült Burgunder Rindsbraten, geschmort und mit einem aus gewürfeltem Speck, Pilzen, Perlzwiebeln und Weißwein zubereiteten Ragout serviert

Cigányrostélyos Zigeunerrostbraten; die vorgebratenen Schnitten werden in einer braunen Soße mit gewürfeltem Wurzelwerk (Suppengrün) gargeschmort

Fleischgerichte

Csáky rostélyos Rostbraten à la Csáky (Csáky war ein großer Meister der Gastronomie); auf zerlassenem Speck werden Zwiebelscheiben, Paprikascheiben und Tomatenviertel gegart, gewürzt, mit Ei legiert und auf die geklopften, gesalzenen, gepfefferten Fleischschnitten aufgestrichen; diese werden zusammengerollt, in Mehl gewendet, auf erhitztem Fett geröstet und gargeschmort; der Satz wird mit saurer Sahne und etwas Mehl eingedickt; das Gericht wird mit Nockerln serviert

Csikós rostélyos Rostbraten à la Csikós; die Schnitten werden vorgebraten und in einer mit Speckscheiben und saurer Sahne zubereiteten Pörkölt-Soße gargeschmort

Csikós tokány Wie der Siebenbürger Tokány, nur zuletzt mit saurer Sahne und etwas Mehl eingedickt

Debreceni bélszín Debreziner Lungenbraten; das mit Salz und Gewürzpaprika eingeriebene Fleisch wird mit gewürfeltem Speck, Pilzen, Zwiebeln und Knoblauch gargeschmort und meistens mit Kartoffelklößen serviert

Debreceni rostélyos Debreziner Rostbraten mit Trockenwurstscheiben

Erdélyi tokány Siebenbürger Tokány (Tokány bedeutet immer in Streifen geschnittenes Fleisch); Speck wird in Streifen geschnitten und ausgelassen, Zwiebelscheiben werden darauf gedünstet; das in Streifen geschnittene Fleisch wird mit Salz, Pfeffer und Thymian abgeschmeckt, auf dem Fond mit etwas Weißwein halbgar geschmort, mit Tomatenmark und Speck vermengt und gargedünstet

Fokhagymás pacal Kutteln mit Knoblauch

Főtt, füstölt marhaszegy Geselchter, gesottener Brustkern

Fleischgerichte

Főtt, füstölt marhaszegy sólettel   Gesottener, geselchter Brustkern mit Scholet

Főtt, füstölt marhanyelv   Geselchte, gesottene Rindszunge mit Kartoffelbrei, Spinat und Sahne oder mit Bohnen, Linsenbrei und geriebenem Meerrettich

Főtt marhahús   Gesottenes Rindfleisch

Főtt marhaszegy csőben sütve   Gesottener Brustkern, im Rohr gebacken; der gesottene Brustkern wird aufgeschnitten, in einer feuerfesten Schüssel mit Mornay-Soße übergossen und in der Röhre gratiniert

Hortobágyi rostélyos   Rostbraten à la Hortobágy; das vorgebratene Fleisch wird in einem auf zerlassenem Speck zubereiteten Pörkölt-Fond geschmort und mit einem großen Grießkloß serviert

Kolozsvári rostélyos   Klausenburger Rostbraten, in einem Pörkölt-Fond mit Sauerkraut geschmort, mit saurer Sahne und etwas Mehl eingedickt

Marhapörkölt   Rindspörkölt; wie Kalbspörkölt, nur schärfer gewürzt

Mustban párolt bélszín   In Most geschmorter Lungenbraten; gespickte Schnitzel werden allseitig geröstet, in Most geschmort und mit Kartoffelkroketten serviert

Ököruszály vadasan   Ochsenschwanz mit Wildbretsoße; der gewürfelte, gebratene Ochsenschwanz wird mit geselchter Speckschwarte, Zwiebeln, Wurzelwerk (Suppengrün), Weißwein, Pfeffer, Thymian und Lorbeer in brauner Soße gargeschmort, mit etwas Mehl und saurer Sahne eingedickt und mit Zitronensaft und Mostrich abgeschmeckt

Pacalpörkölt   Kuttelnpörkölt; das weißgewaschene, gargesottene Gekröse wird in einer Pörköltsoße gargeschmort

Fleischgerichte

Paradicsomos marhanyelv Rindszunge in Tomatensoße

Párolt fehérpecsenye Geschmorter Weißbraten, auf zerlassenem Fett mit Pilzen geschmort, mit Majoran abgeschmeckt und mit Buttergemüse im braunen Saft serviert

Párolt felsál vadasan Geschmorte Oberschale mit Wildbretsoße; sie wird zubereitet wie der Tafelspitz, aber auch Mostrich, Kapern und etwas Weinessig werden dazugegeben; serviert mit Semmelklößen oder Spaghetti

Párolt marhafartő Geschmorter Tafelspitz; das gesalzene, gepfefferte Fleisch wird vorgebraten; im Satz wird Zucker geröstet, in Scheiben geschnittenes Wurzelwerk (Suppengrün), Zwiebeln, Knoblauch, Lorbeer und schließlich Tomatenmark und Thymian werden dazugegeben und angebräunt, mit Weißwein und Brühe aufgegossen; darin wird das Fleisch gargeschmort

Párolt marhanyelv Rindszunge gedünstet

Pusztapörkölt Pörkölt mit Kartoffelvierteln in Wein geschmort

Serpenyős rostélyos Rostbraten mit Paprikakartoffeln; die Rippenschnitten werden vorgebraten; im Satz werden Zwiebelscheiben gebräunt, mit Gewürzpaprika vermengt und aufgegossen; die Rippenschnitten werden in diesem Fond mit etwas Knoblauch und Kümmel, Paprikaringen und Tomaten gargeschmort und dann auf die Seite geschoben; im Saft werden geviertelte Kartoffeln gegart

Vagdalt bélszín Gehackter Lungenbraten

Vetrece Wie der Tokány, aber mit Lorbeer, Mostrich und Weißwein abgeschmeckt

Fleischgerichte

Frissensült marhahús ételek
Frisch gebratene Rindfleischgerichte

Angol bélszín Englischer Lendenbraten

Angol bélszín modern módon Englische Lendenschnitte nach moderner Art; mit Speck und Schinken gespickt, mit Schinken und Wirsingkohl garniert und mit Kopfsalat, gefüllten Pilzen und Pommes frites serviert

Angol bélszín roston Englische Lendenschnitte, auf dem Rost gebraten

Bélszínérmék Filet Mignon

Bélszínflekken Lendenschnitte, auf dem Rost gebraten und mit einer Paprikasoße auf einer Holzplatte serviert

Bélszínjava szelet Beefsteak

Bélszínszelet Budapest módra Budapester Lendenschnitte, mit geschmorten Gänseleberschnitten, Pilzen, grünen Erbsen und Paprikascheiben in einer Pörkölt-Soße, mit Pommes frites serviert

Bélszínszelet Lucullus módra Lukullischer Lendenbraten; die gebratenen Schnitten werden auf Croutons mit Pilzbrei gelegt, mit gebratenen Gänseleberschnitten bedeckt und mit Spargeln, Pilzen und gebratenen Speckstreifen (»Hahnenkamm«) serviert

Bélszínszelet opera módra Lendenbraten nach Opernart, mit Hühnchenleber und Madeira-Soße

Bélszínszelet tárkonyosan Lendenschnitte mit Estragon in brauner Soße

Hátszínszelet Rumpsteak

Fleischgerichte

Tálalásra kész, sertéshúsos magyar specialitások
Tischfertige ungarische Gerichte mit Schweinefleisch

Bácskai rizseshús Ein Pörkölt wird angesetzt und halbfertig geschmort; dann wird Reis darin angebraten, gelöscht und gegart; zum Schluß kommen Paprikascheiben und geschälte Tomatenviertel hinzu; nach einem kurzen Aufkochen ist das Eintopfgericht fertig

Debreceni sertésborda Debreziner Schweinsrippchen; die vorgebratenen Rippenschnitten werden mit Trockenwurstscheiben in eine Pfanne gelegt; im Bratensatz werden Zwiebelscheiben gebräunt, mit Gewürzpaprika vermengt, gelöscht, mit Knoblauch und Kümmel abgeschmeckt und über die Rippenschnitten gegossen; die in diesem Saft gargeschmorten Schnitten erhalten von der Debreziner Wurst ein köstliches Aroma

Erdélyi rakott káposzta Siebenbürger Krauttopf; eine gefettete Pfanne wird mit Sauerkraut ausgelegt; halbgegarter Reis, gehacktes, gewürztes Schweinefleisch, Trockenwurstscheiben und Sauerkraut werden übereinander geschichtet, mit zerlassenem Speck beträufelt, mit Sauerkraut abgedeckt, mit Gewürzpaprika bestreut, mit saurer Sahne übergossen und im Ofen rotgebacken

Hargita Die vorgebratenen Schnitzel werden mit einem mit Zwiebeln, Knoblauch, Pfeffer und Salz abgeschmeckten Mettbrei und einer Scheibe Trockenwurst belegt, in ein Blatt Sauerkraut gehüllt und in feingeschnittenem Sauerkraut gargeschmort; das Gericht wird, mit Dill bestreut und mit saurer Sahne übergossen, heiß serviert

Paprikás sertésborda Schweinsrippen in Paprikasoße; die vorgebratenen Schnitzel werden in einer Pörköltsoße gargeschmort und mit saurer Sahne und etwas Mehl legiert

Fleischgerichte

Pásztorhús Hirtenspeise; wenn der Pörkölt fast fertig ist, gibt man Eiergersten hinzu und gart weiter, bis alles weichgekocht ist

Savanyú tüdő Saure Lunge; die in Salzwasser gargekochte Lunge wird in brauner Mehlschwitze mit Zwiebeln, Zitronenschale, Kapern, Lorbeer, Mostrich, Gewürzpaprika und Essiggurkenscheiben aufgekocht

Sertésborda hentesné módra Schweinsrippen nach Art der Metzgerin; die auf beiden Seiten gerösteten Schnitten werden im Bratensaft gargeschmort; gewürfelter Speck wird gebraten, Schinken und Essiggurken werden in Streifen geschnitten dazugegeben und mit dem Bratensaft gelöscht; dieses Ragout wird auf die Rippenschnitten gehäuft und mit gehackter Petersilie bestreut; das Gericht wird mit Bratkartoffeln serviert

Sertéspörkölt Schweinepörkölt (siehe Kalbspörkölt)

Székelykáposzta Székely-Krauttopf; Sauerkraut wird mit Selchfleisch, Zwiebeln, Knoblauch und Kümmel angebräunt und geschmort; damit wird ein Pörkölt vermengt; das Eintopfgericht wird mit saurer Sahne übergossen serviert

Tejfölös, gombás sertésborda Schweinefilets mit Pilzen und Sahne; die vorgebratenen Filets werden mit feingeschnittenen Champignons, Pfeffer und Petersilie gargeschmort; der Saft wird mit etwas Mehl und saurer Sahne legiert

Tokaji sertésborda Tokajer Schweinsrippen; die vorgebratenen Rippen werden mit Tokajer Szamorodni, einem herben Tokajer Wein, gedünstet; Rotkohl wird feingeschnitten, auf zerlassenem Speck mit Tokajer Wein gegart, mit geriebenen Äpfeln vermengt, gargeschmort und mit den Filets serviert

Fleischgerichte

Toros káposzta Schlachtfest-Krauttopf; kleine Fleischabfälle werden als Pörkölt angesetzt und mit feingeschnittenem Sauerkraut gargesotten

Töltött káposzta Krautrouladen; auf zerlassenem Speck werden Zwiebelscheiben angebräunt; das Hackfleisch wird darin mit Knoblauch, Reis, Ei, Salz, Paprika und Rosmarin vermengt und in die Krautblätter gedreht, in Sauerkraut mit Selchfleisch und Gewürz gargekocht, mit einer zwiebel- und paprikahaltigen Mehlschwitze eingedickt und mit saurer Sahne vermengt serviert

Töltött paprika Gefüllte Paprikaschoten; die ausgenommenen und ausgewaschenen Paprikaschoten werden mit einer Masse aus gewürztem Hackfleisch, halbgegartem Reis und Eiern gefüllt, in einer abgeschmeckten Tomatenbrühe gargekocht und abgeseiht; der Sud wird mit einer hellen Mehlschwitze eingedickt; in dieser Soße werden die Schoten serviert

Töltött szőlőlevél Gefüllte Weinblätter; schöne, saubere Weinblätter werden abgebrüht, die weniger schönen in Streifen geschnitten und in einen Topf gelegt; Hackfleisch wird wie für Krautrouladen zur Fülle verarbeitet und in die Weinblätter eingeschlagen, auf eine magere Schweinsschnitte in den Topf gesetzt, mit Thymian, Dill, Lorbeer, Salz und Pfeffer abgeschmeckt und mit wenig Flüssigkeit gargeschmort; der Sud wird schließlich mit etwas Mehl und saurer Sahne eingedickt und als Eintopfgericht serviert

Vagdalt sertésszelet Mettbraten, Hackbraten

Frissensült sertéshúsételek
Frisch gebratene Schweinefleischgerichte

Debreceni bogdánpecsenye Debreziner Bogdan-Braten; ein Rückenstück mit Schwarte wird aufgerissen, innen mit

Fleischgerichte

Pfeffer, Salz und Gewürzpaprika eingerieben, mit Hackfleisch gefüllt, zugenäht und knusprig gebacken

Fatányéros Holzplatte; ungarische Spezialität für 3, 4 oder 6 Personen; meistens aus Schweinsrippen, Lendenschnitten, Kalbsfilets und Leber – als Naturschnitzel, als Beefsteak oder paniert, mit Pommes frites oder Petersilienkartoffeln und mit »Hahnenkamm« als Verzierung sowie mit vielerlei Frischsalat

Pirított sertésmáj Geröstete Leber; die in Streifen geschnittene Leber wird mit dünnen Zwiebelscheiben, Pfeffer, Majoran und etwas Gewürzpaprika gebraten

Pirított sertésmáj gombával Geröstete Leber mit Champignons

Pirított vese velővel Paprikanieren mit Hirn; mit in Fett gelb angelaufenen Zwiebeln werden die in Scheiben geschnittenen, gesalzenen, gepfefferten und mit Majoran abgeschmeckten Nieren rasch gebraten; das Hirn wird beigemengt und auf vorgewärmter Platte sofort serviert

Rablóhús nyárson Räuberspießbraten; kleine, dünne Scheiben vom Lendenstück, von Schweins- und Kalbskoteletts, mit Gewürz eingerieben, und ähnlich dicke Scheiben von Speck, Pilzköpfen und Zwiebeln werden abwechselnd auf den Spieß gezogen und bei offenem Feuer oder im Grill gebraten

Rántott sertésmájszeletek Panierte Leberschnitzel

Sertésborda natúr módra Naturschnitzel

Sertésborda rántva Schweinsrippen paniert

Sertésflekken Schweinsrippen gebraten

Sertésvese roston Niere, am Rost gebraten

Fleischgerichte

Sertéscsülök pékné módra   Eisbein nach Art der Bäckerin; das abgesengte und gereinigte Bein wird bei mäßiger Hitze gebraten, zum Schluß zusammen mit Kartoffel- und Zwiebelvierteln

Töltött malac Újfalusi módra   Gefülltes Ferkel à la Újfalusi; das ausgenommene und ausgelöste Ferkel wird mit einer Füllung aus gewürztem Hackfleisch, Leber, Ei und Semmel knusprig gebraten

Vagdalt sertéshúspogácsa   Hackfleischplätzchen, Buletten

Vegyes grill-sültek   Grillbraten

Velő, rántva   Hirn paniert

Meleg füstölt húsok, hentesáruk
Selchfleisch und Metzgerwaren, warm serviert

Főtt, füstölt prágai karaj   Gesottenes, geselchtes Prager Kotelett mit geriebenem Meerrettich

Füstölt kolbász főzelékkel   Geräucherte Mettwurst mit Gemüse; es gibt verschiedene Arten von Mettwürsten, die mit verschiedenen Einbrenn-Gemüsen serviert werden

Háromszéki füstölt oldalas   Háromszéki-Selchfleisch; das Fleisch wird gargesotten; mit der Brühe wird ein gelbes Erbsenpüree zubereitet; das Selchfleisch wird mit geriebenem Meerrettich serviert

Kenyérben sült sonka   Schinken, in Brotteig gebacken; ein kleiner Schinken wird mit Knochen und Schwarte gekocht, getrocknet, in Brotteig gehüllt und im Rohr knusprig gebakken; der Schinken wird ausgelöst und mit geriebenem Meerrettich serviert

Vadhúsból és szárnyasból készült ételek
Wildbret und Geflügel

Otto von Freising, deutscher Geschichtsschreiber aus dem 12. Jahrhundert, kam zur Zeit der Kreuzzüge auch durch Ungarn und berichtete begeistert von dem Wildreichtum Pannoniens. Trotz der vielen Kriege konnte durch zweckmäßige Wildhegemaßnahmen der ehemalige Wildreichtum annähernd wieder hergestellt werden, so daß heute in Ungarn viel Wildbret auf den Tisch kommt. Die Zubereitung von Wildbret und Wildgeflügel gilt als eine besondere Kunst. Die besten Weidmannsgerichte werden in spezialisierten Gaststätten je nach Jagdzeit angeboten.

Csabai szarvascomb Hirschkeule mit Csabai-Würstchen; die Keule wird aufgeschlitzt, mit Csabai-Würstchen gefüllt, vorgebraten und anschließend in einer Paprikasoße gargeschmort; vor dem Servieren wird die Paprikasoße entfettet

Fácán gesztenyével, töltött gombával Fasan, mit Kastanien und Champignons gefüllt

Fácán káposztában párolva Fasan mit Sauerkraut; der Fasan wird mit Sauerkraut, Quittenschnitten und Weißwein geschmort

Fácánsült párolt almával és zellerrel Fasan mit Apfel und Sellerie

Fácán Széchenyi módra Fasan à la Széchenyi; der Bratensaft wird mit Weinbrand und Tokajer Wein abgeschmeckt

Fogoly magyarosan Rebhuhn nach ungarischer Art; in die ausgenommene Bauchhöhle wird in Würfel geschnittene, gesalzene und in Paprikapulver gewendete Gänseleber gefüllt; die Öffnung wird zugenäht oder mit einer Rouladennadel geschlossen; dann wird das Rebhuhn gebraten

Fogoly szalonnában sütve Rebhuhn in Speck; das ausgenommene Rebhuhn wird mit Gewürz gefüllt und einige Tage lang abgelegt; vor der Zubereitung nimmt man die Gewürze heraus, umhüllt den Vogel mit Speckscheiben und brät ihn; der Bratensaft wird mit Tomatenmark und frischen Gewürzen abgeschmeckt, der Braten aufgeschnitten und mit den Speckscheiben und dem Saft serviert

Gesztenyével töltött őzbordák Rehkoteletts mit Kastanienfülle; die Kastanien werden in einen Schlitz eingefüllt und die Koteletts auf heißem Fett leicht gebräunt; Zwiebeln, Lorbeer, Pilze, Thymian und Wurzelwerk (Suppengrün) werden auf Butter ein wenig gebräunt, mit Pfeffer und Fleischbrühe versetzt; die Koteletts werden in dieser Soße gargeschmort

Mustos őzpecsenye Rehkeulen in Most; die vorgebratenen Keulen werden auf gewürztem Wurzelwerk (Suppengrün) im Rohr halbfertig gebraten und in Most gargeschmort

Nyúlcomb sörrel párolva Hasenschlegel, in Bier geschmort

Nyúlérmécskék Cumberland-mártással Hasenfilets mit Cumberland-Soße (siehe Rehfilets)

Nyúlfilé csipkeízes mártással Hasenfilets in Hagebuttensoße; die Filets werden wie Naturschnitzel gebraten, auf geröstete Semmelscheiben gelegt und mit einer Hagebuttensoße serviert

Nyúlgerinc vadasan Hasenrücken in Wildbretsoße; das abgehäutete Fleisch wird gespickt und in eine aus Rotwein mit Kapern, Knoblauch, Zwiebeln und Wurzelwerk (Suppengrün) versetzte pikante Beize gelegt; nach einigen Tagen Abliegen wird das Fleisch mit dem Wurzelwerk in der Röhre gargeschmort; der Saft wird mit Wacholderbeeren, Estragon, Thymian und Zitronenschale erneut versetzt und mit saurer Sahne und etwas Mehl verdickt, mit etwas Mostrich abgeschmeckt und über die Filets gegossen; das Ganze wird mit Semmelknödeln serviert

Nyúlpaprikás Paprikahase; die dünnen Zwiebelscheiben werden auf zerlassenem Speck gebräunt und mit Gewürzpaprika versetzt; das Fleisch wird dazugegeben, und etwas später mit Rotwein verdünnt; wenn das Fleisch gar ist, wird die Soße mit saurer Sahne verdickt; als Beilage werden Nockerln oder Eiergersten gereicht

Nyúlragu Hasenragout, mit Zwiebeln, Lorbeer und Weißwein zubereitet

Nyúlszeletek pirított szárnyasmájjal Hasenfilets mit gerösteter Geflügelleber

Őzborda Rehkoteletts

Őzfilé Rehfilets; nach einigen Tagen Abliegen werden die enthäuteten Filets mit Gewürz eingerieben, mit Speck gespickt, auf dem Rost oder auf Fett wie ein Naturschnitzel gebraten und mit Preiselbeeren oder Cumberland-Soße und Kartoffelbrei serviert

Őzgerinc erdészné módon Rehrücken nach Art der Försterin; das Fleisch wird auf englische Art gebraten, aufgeschnitten, mit herzhaftem Kastanienbrei bestrichen, auf den Knochen zurückgelegt und mit Burgundersoße serviert

Töltött vadkacsa Gefüllte Wildente

Vaddisznó borókamártással Wildschwein mit Wacholderbeersoße; das Fleisch wird gargekocht; die Brühe wird abgeseiht, mit Rotwein und gestoßenen Wacholderbeeren

eingekocht, mit karamelisierter brauner Buttersoße eingedickt und mit dem aufgeschnittenen Fleisch noch einmal aufgekocht

Vaddisznó tejfeles, paprikás káposztában Wildschwein mit Sauerkraut; das Fleisch wird unter Zugabe von etwas Kümmel und Knoblauch wie ein Pörkölt zubereitet; das Sauerkraut wird mit einem geselchten Rippenstück gargekocht, zum Wildschwein gegeben und mit saurer Sahne und etwas Mehl ein wenig eingedickt; beim Servieren kommen noch gehackter Dill und etwas Sahne darüber

Vadkacsa vörös borban párolva Wildente mit Rotwein

Vadlibasült Wildgansbraten

Házi szárnyasból készülő ételek
Hausgeflügel

Bácskai rizses libaaprólék Gänseklein mit Reis nach Bácskaer Art; das Gänseklein wird als Pörkölt zubereitet und der Reis in der Pörkölt-Soße gegart

Becsinált csirke Hühnchenfrikassee

Citromos csirke Hühnchen mit Zitrone

Csirke burgundiasan Hühnchen nach Burgunder Art, mit Pilzen, Speck, Perlzwiebeln und viel Gewürz in Rotwein geschmort

Csirke en casserole Hühnchen in der Kasserolle

Csirke vajban párolva Butterhühnchen

Csirketokány gombás rizzsel Hühnchen-Tokány mit Pilzrisotto; geriebene Zwiebeln werden auf ausgelassenem Speck hell gebräunt; die in Stücke geschnittenen Hühnchen werden dazugegeben, mit Salz, Thymian und Weißwein ab-

Wildbret und Geflügel

geschmeckt und gargeschmort; der Saft wird mit etwas Mehl eingedickt; das Gericht wird mit Pilzrisotto serviert

Főtt jérce angol módra Junghuhn, nach englischer Art gekocht

Füstölt libamell vagy libacomb lencsepürével Geräucherte Gänsebrust oder Gänsekeulen mit Linsen

Gesztenyével töltött pulyka Pute mit Kastanienfülle; die Kastanien werden in mit Milch versetztem Wasser weichgekocht, mit Butter, Ei, gestoßenem Pfeffer, Muskat, etwas Majoran, mit Milch aufgeweichten Semmeln, gehacktem Schweinefleisch und etwas Salz kräftig vermengt; das Brustbein wird herausgeschnitten, die Bauchhöhle mit etwas Salz und Majoran bestreut und dann gefüllt; der Schlitz wird geschlossen, die Pute mit Salz eingerieben und die Brust mit Speckscheiben belegt, damit sie nicht austrocknet

Grill-csirke Grillhühnchen

Jérce tárkonyosan Junghuhn, mit Estragon gekocht

Jérce háziasan Junghuhn nach Hausmannsart; das fertiggebratene Junghuhn wird zerteilt und in eine feuerfeste Schüssel gelegt; Perlzwiebeln werden auf zerlassenem magerem Speck kurz geschmort und mit feingeschnittenen Karotten und Weißwein gegart, dem Junghuhn beigemengt und mit ihm überbacken

Jérce nyárson Junghuhn am Spieß

Jérce Villeroi módra Junghuhn à la Villeroi; das zerteilte Junghuhn wird in schwach gewürzter Brühe gekocht; die Brühe wird mit einer Butterschwitze eingedickt, mit Muskatnuß und Eidotter versetzt und auf das Fleisch gestrichen; nach einer Weile werden die Fleischstücke paniert und gebacken

Wildbret und Geflügel

Kacsa gesztenyével töltve   Ente mit Kastanienfülle

Kacsapörkölt   Entenpörkölt

Kacsasült   Entenbraten

Lakodalmas ludaskása   Hochzeits-Gänsebrei; er wird wie das Gänseklein nach Bácskaer Art zubereitet, doch werden keine scharfen Gewürze verwendet; Pilze werden mit dem Reis zusammen gekocht; das Gericht wird mit frischgebratenen Gänseleberschnitten oder Gänsegrieben geschmückt

Lecsós kacsacomb   Entenkeulen mit Lecso; die Keulen werden vorgebraten; im Bratensatz werden Zwiebelscheiben leicht gebräunt, mit Gewürzpaprika bestreut und mit etwas Salz und Knoblauch versetzt; die Keulen werden mit Lecso fertiggegart

Libacomb sólettel   Gänsekeule mit Bohnen

Libamájfilé olaszosan   Gänseleberfilets nach italienischer Art; die gebratenen Filets werden auf Croutons gelegt und mit italienischer Soße serviert

Libamájszelet natúr sütve   Gänseleberschnitte, gebraten

Libamájszeletek Gellért módra   Gänseleber à la Gellért; die Leberschnitten werden gebraten und mit Gewürzpaprika bestreut abgelegt; ein Lecso wird mit Speck, Zwiebeln, Paprikaschoten und Tomatenscheiben zubereitet; die Leber wird auf Reis gelegt und mit dem Lecso serviert

Libamájszeletek madeira mártással   Gänseleberfilets in Madeira-Soße

Libamell vadasan   Gänsebrust in Wildbretsoße

Libamellszeletek pirított gombával   Gänsebrustfilets mit Pilzen nach ungarischer Art

Wildbret und Geflügel

Libamellszeletek pirított hagymával Gänsebrustfilets mit gerösteten Zwiebelscheiben; das Bruststück wird vom Knochen abgetrennt und in Filets geschnitten, mit wenig Knoblauch und gehackter Petersilie gebraten, auf gekochte, geschälte und grob zerdrückte Kartoffeln gelegt und mit knusprig gerösteten Zwiebelscheiben garniert

Libasült Gänsebraten

Narancsos kacsa Entenbraten mit Orangen

Paprikás csirke Paprikahühnchen; feingeschnittene Zwiebeln werden in heißem Fett goldgelb gebräunt, vom Feuer genommen und sodann mit Gewürzpaprika versetzt; die geputzten und ausgenommenen Hühnchen werden in Stücke geschnitten, dazugegeben und ohne Wasser geschmort; nach einer Weile kommen Paprikaschoten und Tomaten dazu; dem Saft wird saure Sahne beigemengt, damit er etwas scharf und zugleich seidig schmeckt

Pirított libamáj magyarosan Gänseleber nach ungarischer Art; die Leber wird in Streifen geschnitten und in Paprikasoße mit frischen Paprikaschoten und Tomatenscheiben gegart

Pulykacomb párolva Pute, geschmort

Pulykacomb serpenyősen Pute in Paprikasoße; die Keulen werden vorgebraten und dann in der Soße mit Paprikaschoten und Tomaten gargeschmort

Pulykacomb tejfeles gombamártással Pute in Pilzsoße mit saurer Sahne

Pulykacomb zöldborsóval Pute mit grünen Erbsen; die Keulen werden gebraten, im Bratensatz Erbsen gegart und mit Sahne versetzt

Wildbret und Geflügel

Rántott csirke   Backhühnchen, paniert

Rántott pulykamell   Gebackene panierte Putenbrust

Rizses kacsa   Entenklein mit Reis; dieses Gericht wird ebenso zubereitet wie der Hochzeits-Gänsebrei

Szardellás jérce   Junghuhn mit Sardellen

Töltött csirke   Gefülltes Brathuhn; in Milch aufgeweichte Semmeln werden mit der Hühnerleber, Pilzen, Petersilie, Eiern und Gewürz verarbeitet und in die ausgenommene, gesalzene Bauchhöhle sowie unter die Haut gefüllt; dann wird das Huhn bei mäßiger Hitze im Rohr knusprig gebacken

Töltött libanyak   Gefüllter Gänsehals

Tűzdelt pulykasült   Gespickter Putenbraten

Vagdalt libamell   Gänsebrust-Haschee; das Bruststück wird durch den Wolf gedreht und mit gehacktem Schweinefleisch, in Milch aufgeweichten Semmeln, geriebenen Zwiebeln, Salz und Eiern verarbeitet, wieder auf das Brustbein gesetzt und im Rohr gebraten

Vajas, vagdalt jércemell-szelet   Junghuhn-Haschee; das Bruststück wird vom Brustbein getrennt, mehrmals durch den Fleischwolf gedreht, bis es schaumig wird, mit in Milch aufgeweichten Semmeln, feingehackter Petersilie, Sahne und Eidotter vermengt, zu kleinen Schnitzeln geformt und in heißem Fett gebraten

Zöldborsós kacsa   Ente mit grünen Erbsen; die Ente wird in einer Entenbrühe geschmort und mit Perlzwiebeln, grünen Erbsen und dem Entenragout serviert

Főzelékek, zöldfélék, saláták, savanyúságok
Gemüse und Salate

Das Wort »Gemüse« wird in Ungarn überwiegend zur Bezeichnung einer mit Mehlschwitze eingedickten Speise verwendet, beispielsweise »Bohnengemüse«, »Erbsengemüse« usw. Gedünstete oder abgeschmalzene Gemüse werden meistens beim Namen genannt, beispielsweise »Spargel aus dem Rohr«, »Rotkohl gedünstet« usw. Das Gemüse mit der Mehlschwitze ist trotz weitläufiger Aufklärung über die Nachteile der Überernährung auch heute noch sehr beliebt. Mit einer »Fleischauflage« ist ein Gemüsegericht sehr wohlschmeckend und aromatisch und als Hauptgericht durchaus bekömmlich.

Bei den Salaten gibt es eine Unterscheidung zwischen Frischkost-Salaten und den mit Essig oder Zitronensaft angemachten Salaten, die auf ungarisch unter dem Sammelnamen »Saures« aufgeführt werden.

Sűrített főzelékek
Eingedickte Gemüsegerichte

Finomfőzelék »Feingemüse«; gewürfeltes Wurzelwerk (Suppengrün) und junge Erbsen werden gargekocht, mit einer hellen Mehlschwitze und feingehackter Petersilie eingedickt und mit einer Prise Zucker abgeschmeckt

Káposztafőzelék Weißkohlgemüse mit etwas Pfeffer, Kümmel, Mehlschwitze und saurer Sahne

Karalábéfőzelék Kohlrabigemüse; gewürfelte Kohlrabi werden in Fett gedünstet, mit Mehl bestreut und mit gestoßenem Pfeffer und Petersilie abgeschmeckt

Gemüse und Salate

Kelkáposztafőzelék Wirsingkohlgemüse mit Kümmel, kleingewürfelten Kartoffeln, etwas Knoblauch und brauner Mehlschwitze

Kelvirágfőzelék Blumenkohlgemüse, in mit Milch versetztem siedendem Salzwasser gargekocht und mit einer hellen Mehlschwitze eingedickt

Lencsefőzelék Linsengemüse, mit Lorbeer und Selchfleisch gekocht und mit einer Mehlschwitze eingedickt

Lucskos káposzta Saftiges Sauerkraut, mit Kümmel und Tomatenvierteln gekocht, mit auf zerlassenem Speck und Zwiebeln angeschwitztem Mehl eingedickt und mit viel saurer Sahne versetzt

Paradicsomos káposztafőzelék Weißkohlgemüse mit Tomatenmark; der feingeschnittene Weißkohl wird in verdünntem Tomatenmark gekocht, mit einer Mehlschwitze eingedickt und mit etwas Zucker abgeschmeckt

Paradicsomos tökfőzelék Kürbisgemüse mit Tomatenmark, in verdünntem Tomatenmark gekocht, mit einer Mehlschwitze eingedickt und mit etwas Zucker abgeschmeckt

Parajfőzelék Spinatgemüse, in Salzwasser gekocht, durch das Sieb gerührt, mit einer Mehlschwitze und etwas Knoblauch eingedickt und mit Milch gelöscht

Salátafőzelék Salatgemüse

Sárgarépafőzelék Möhrengemüse; feingeschnittene Möhren werden in Fett gedünstet und mit Mehl bestäubt oder in Salzwasser gekocht und mit einer Mehlschwitze eingedickt

Savanyú burgonyafőzelék Saures Kartoffelgemüse, mit Lorbeer und etwas Essig abgeschmeckt

Gemüse und Salate

Savanyú káposztafőzelék Sauerkrautgemüse; die Mehlschwitze wird mit Gewürzpaprika und Knoblauch zubereitet, und das Gemüse wird mit saurer Sahne serviert

Sóskafőzelék Sauerampfergemüse mit saurer Sahne

Szárazbabfőzelék Bohnengemüse, mit Lorbeer und Selchfleisch gekocht

Tejfölös tökfőzelék Kürbisgemüse mit saurer Sahne; der geschälte, in Streifen aufgeschnittene Kürbis wird gesalzen, in einer hellen, mit Zwiebeln und Dill zubereiteten Mehlschwitze gargeschmort und mit saurer Sahne, etwas Zitronensaft und Zucker versetzt

Zöldbabfőzelék Brechbohnengemüse; die kleingeschnittenen oder gebrochenen Bohnenschoten werden in siedendem Salzwasser gargekocht, mit einer Mehlschwitze und etwas Knoblauch eingedickt, mit Zitronensaft und etwas Zucker abgeschmeckt und mit saurer Sahne serviert

Zöldborsófőzelék Erbsengemüse; junge grüne Erbsen werden in siedendem Salzwasser gargekocht, mit einer hellen, mit Petersilie zubereiteten Mehlschwitze eingedickt und mit Sahne und Bratensaft serviert

Sűrítetlen zöldfélék, saláták
Gedünstete Gemüse, Salate

Bordázott burgonya Pommes colorettes

Burgonya Kartoffeln

Burgonyafánk Kartoffelkrapfen

Burgonyakrokett Kartoffelkroketten

Gemüse und Salate

Burgonya pommes frites Pommes frites

Csirág konyhafőnök módra Spargel nach Art des Küchenchefs; die Stengel mit Kopf werden gekocht, mit geröstetem Semmelmehl überstreut; Eidotter und Eischaum werden darunter gezogen; das Ganze wird in der Röhre überbacken

Csirág tejföllel, sajttal sütve Spargel, mit Käse und saurer Sahne in der Röhre gebacken

Csirág vajban párolva Spargel, in Butter gedünstet

Csirág vajjal Spargel, abgeschmalzt

Csirágsaláta tejszínnel tárkonyosan Spargelsalat mit Sahne und Estragon

Fordított burgonya Gestürzte Kartoffeln

Főzelékpuding Gemüsepudding; gewürfeltes Wurzelwerk (Suppengrün) und junge Erbsen werden gekocht, in Butter angebraten, unter eine mit Eidotter angerührte Béchamel-Soße gezogen, gewürzt und in der Puddingform über heißem Dampf gekocht

Gombafejek rántva Panierte Pilzköpfe

Gombakrémmel töltött sült gomba Gebratene Pilze mit Pilzcremefülle

Gombapaprikás tükörtojással Paprikapilze mit Spiegelei

Gombapuding Pilzpudding; auf Butterschmalz mit feingehackter Petersilie werden die feingeschnittenen Pilze gebräunt, mit Béchamel, Eidotter, Pfeffer und Salz vermengt; der Eischnee wird darunter gezogen und in der Puddingform über heißem Dampf gargekocht

Gemüse und Salate

Gombás rizs Pilzrisotto

Héjában sült burgonya Gebackene Pellkartoffeln

Karalábépüré Kohlrabipüree

Karalábé tejszínesen Kohlrabi mit Sahne

Karalábé vajban párolva Kohlrabi, in Butterschmalz gedünstet

Karalábé zöldborsóval, vajban párolva Kohlrabi, mit jungen Erbsen gedünstet

Karotta csirággal Karotten mit Spargel

Karottapüré Karottenpüree

Karotta tejszínesen, zöldborsóval Karotten mit jungen Erbsen und Sahne

Karotta vajban párolva Gedünstete Karotten

Kelbimbó csőben sütve Kohlsprossen aus dem Rohr

Kelbimbó lengyelesen, pirított vajas morzsával Kohlsprossen nach polnischer Art mit geröstetem Semmelmehl

Kelbimbó szalonnával pirítva Kohlsprossen, mit Speck geröstet

Kellevelek töltve Wirsing-Rouladen; eine Fülle mit Reis, Pilzcreme, Eidotter, Käse und Gewürz wird in die gekochten Wirsingkohlblätter eingeschlagen und in einer gebutterten Pfanne mit dünnen Speckscheiben abgedeckt überbacken

Kelvirág csőben sütve Blumenkohl aus dem Rohr mit Sauce Mornay, geriebenem Käse und geröstetem Semmelmehl

Gemüse und Salate

Kelvirágsaláta mustárosan Blumenkohlsalat mit Mostrich

Kelvirágsaláta tejfölösen Blumenkohlsalat mit saurer Sahne

Kelvirágsaláta vinaigrettel Blumenkohlsalat mit Sauce Vinaigrette

Kockaburgonya Pomme Parmentier

Kukorica tejszínesen Mais mit Sahne

Kukoricacső sós vízben főzve Gekochte Maiskolben (auch auf der Straße angeboten)

Kukoricafánk Maiskrapfen; die gekochten Maiskörner werden in ungesüßten Krapfenteig eingearbeitet; der Teig wird ausgestochen und in der Pfanne rotbraun gebacken

Lencse fűszeres vajjal Linsen mit gewürzter Butter

Lencse vidékiesen Linsen nach ländlicher Art; die Linsen werden in kurzer Brühe mit Salz, Zwiebeln, Lorbeer, Thymian und Pfeffer gargekocht und mit Tomatenvierteln serviert

Magyaros rakott burgonya Ungarischer Kartoffeltopf; gesottene Pellkartoffeln werden geschält, in Scheiben geschnitten und mehrschichtig in die gebutterte Pfanne abwechselnd mit Mettwurstscheiben und Eischeiben gelegt, mit viel saurer Sahne und etwas zerlassenem Speck reichlich übergossen und im Ofen gargebacken

Majonézes kukoricasaláta Maissalat mit Mayonnaise

Padlizsán gombával Eierfrucht mit Pilzen

Padlizsán gombával töltve Eierfrucht, mit Pilzen gefüllt

Gemüse und Salate

Padlizsán natúr sütve Eierfrucht, gebraten

Padlizsán rántva Eierfrucht, paniert

Paprikás burgonya Paprikakartoffeln, zubereitet wie der Pörkölt und mit Wiener Würstchen, Mettwurst und Selchfleisch serviert

Paprikás vargánya Paprika-Pilze

Paradicsom frissen sütve gombával Tomaten, frisch mit Pilzen gebraten

Paradicsom gombás-tojásos töltelékkel Tomaten mit Pilzfülle

Paradicsom natúr, frissen sütve Frisch gebratene Tomaten

Paradicsomos halmájsaláta Fischlebersalat mit Tomaten

Paradicsomos heringsaláta Heringssalat mit Tomaten

Parajpuding Spinatpudding

Parajropogós Spinatkroketten; Spinat wird ausgequetscht, gewürzt, mit Béchamelsoße vermengt, paniert und resch gebacken

Parajtekercs Spinatroulade

Párolt káposzta Schmorkohl, mit Zucker angeröstet und mit Kümmel, Zwiebeln und etwas Essig abgeschmeckt

Párolt káposzta almával Schmorkohl mit Apfel

Patisson csőben sütve Patisson aus dem Rohr

Gemüse und Salate

Patisson vajban párolva Patisson, in Butterschmalz gedünstet

Petrezselymes újburgonya Petersilienkartoffeln

Pirított burgonya Röstkartoffeln

Pirított gomba tojással Geröstete Pilze mit Ei

Pirított kelvirág paradicsommal Blumenkohl, mit Tomaten geröstet; halbgekochter Blumenkohl wird mit auf zerlassenem Speck und Zwiebeln gerösteten, gewürzten Tomaten belegt und im Rohr überbacken

Pirított paradicsom finom fűszerekkel Geröstete Tomaten mit Würzkräutern

Rácos rakott burgonya Raizischer Kartoffeltopf; Kartoffelscheiben werden abwechselnd mit halbfertigem Lecso in mehreren Schichten in der Pfanne ausgebreitet, mit saurer Sahne übergossen und im Ofen gargebacken

Rakott patisson Patisson im Topf

Rostonsült paradicsom Tomaten, am Rost gebraten

Sajtos, töltött paradicsom Mit Käse gefüllte Tomaten; feste Tomaten werden halbiert und ausgehöhlt, mit Muskat und Pfeffer gewürzt, mit Béchamelsoße und Käse gefüllt und mit Butter beträufelt gebacken

Sonkás zöldbab Brechbohnen mit Schinken; die gebrochenen Bohnenschoten werden gekocht, abwechselnd mit der aus Ei, gehacktem Schinken, Gewürz und saurer Sahne angerührten Creme in eine gebutterte Pfanne gelegt, mit geriebenem Käse bestreut und überbacken

Szalonnán pirított burgonya Kartoffeln, auf Speck geröstet

Gemüse und Salate

Tejszínes burgonyapüré Kartoffelbrei mit Sahne

Tejszínes, citromos kucsmagomba krutonnal Morcheln mit Sahne und Zitrone auf Croutons

Tojásos burgonyapép Kartoffelbrei mit Ei

Tök csőben sütve Kürbis aus dem Rohr

Tökhasábok natúr sütve Gebratene Kürbisschnitte

Tökszeletek vajban párolva citromosan Gedünstete Kürbisschnitte mit Butter und Zitrone

Töltött gomba pirított vesével Gefüllte Pilze mit gerösteter Niere

Töltött karalábé Gefüllte Kohlrabis; junge Kohlrabis werden ausgehöhlt, mit gewürztem Hackfleisch und Semmelkrume gefüllt, in die gebutterte Schüssel auf die feingehackten Kohlrabi-Mitten gesetzt, mit viel saurer Sahne übergossen und im Rohr gargebacken

Töltött kucsmagomba Gefüllte Steinpilze

Uborka csőben sütve Gurken aus dem Rohr

Uborka vajban párolva Gurken, in Butterschmalz gedünstet

Vagdalt gombapogácsák Hackpilz-Plätzchen

Vargánya csőben sütve Steinpilz aus dem Rohr

Vargányaszeletek rántva Panierte Steinpilzschnitte

Vízben főtt burgonya Salzkartoffeln

Vörös borral pácolt káposzta Schmorkohl mit Rotwein

Gemüse und Salate

Zöldbad saláta Gekochte junge Bohnenschoten mit einem Essig-Öl-Dressing

Zöldbad saláta majonézzel Bohnenschotensalat mit Mayonnaise

Friss saláták Frische Salate

Fejes saláta fokhagymás majonézzel Kopfsalat mit Mayonnaise und Knoblauch

Fejes saláta joghurttal Kopfsalat mit Yoghurt

Fejes saláta mustáros öntettel Kopfsalat mit Mostrich-Soße

Fejes saláta tejszínesen Kopfsalat mit Sahne

Gundel-saláta Gundel-Salat; Spargelköpfe, französische Brechbohnen, Salatgurken, dünne Paprikaringe und enthäutete Tomatenringe werden auf Kopfsalatblätter gebettet und mit einem Dressing aus Essig, Öl, Salzwasser, Pfeffer, Zitronensaft, Ketchup und feingehackter Petersilie übergossen

Káposztasaláta Weißkohlsalat

Mustáros paradicsomsaláta Tomatensalat mit Mostrich

Nyers reszelt zellersaláta Frischer geriebener Selleriesalat mit Obst

Öntött fejes saláta Kopfsalat, mit Salatessig abgebrüht und mit zerlassenem Speckschmalz übergossen

Paradicsomsaláta Tomatensalat

Gemüse und Salate

Uborkasaláta Gurkensalat; feingeschnittene Gurkenscheiben, mit etwas Knoblauchmus, Gewürzpaprika, Pfeffer und gesüßtem Essigwasser abgeschmeckt

Uborkasaláta tejfölösen Gurkensalat mit saurer Sahne

Vegyes saláta Mischsalat; feingeschnittene Paprikaringe, Gurken, feingeschnittener Kohl, Schnittlauch mit Gewürzpaprika und Pfeffer in Essigwasser

Vöröskáposzta saláta Rotkohlsalat

Zeller saláta Selleriesalat aus gekochten Selleriewurzeln

Zöldpaprika saláta Paprikaschotensalat

Savanyúságok »Saures«

Csalamádé Bottichsalat; Zwiebeln, Kraut, Paprikaringe und kleine grüne Melonen, kleingeschnitten in schwachem Essigwasser gegoren

Csemege uborka Süße Gurken; mit aromatischem Gewürz und etwas Zucker im Essigwasser werden ganz kleine Gurken konserviert

Ecetes gombasaláta Pilzsalat mit Essig

Ecetes paprika Essigpaprika

Ecetes uborka Essiggurken

Káposztával töltött ecetes paprika Essigpaprika, mit Sauerkraut gefüllt

Kovászos uborka Gegorene Gurken; kleine Gurken werden in ein Glas gegeben; Dill und ein bis zwei Scheiben Brot

Gemüse und Salate

---

kommen darüber; die Gurken werden mit lauwarmem Salzwasser aufgegossen, gären drei bis vier Tage lang an einem warmen Ort, werden abgeseiht und abgekühlt serviert

Paprikaszeletek ecetes olajban   Paprikaringe in Essig-Öl-Dressing

Sültpaprika ecetben   Gebratene Paprikaschoten in Essig

Tormás főtt cékla ecetben   Roterübensalat mit Meerrettich

Vegyes savanyúság kaprosan   Mischsalat mit Dill

Zöldparadicsom ecetben   Tomatenfrucht in Essig

Sütemények, édességek
Süßspeisen und Gebäck

Backwerk und Süßspeisen gab es bei den alten Ungarn anscheinend nicht, zumindest sind keine Rezepte überliefert worden. Die »ungarischen« Süßspeisen haben eine eigenartige Entwicklungsgeschichte: Der Feinschmecker lernte im Ausland ein Gebäck oder eine Süßspeise kennen, fragte sogleich nach dem Rezept und versuchte zu Hause sofort, etwas Ähnliches zuzubereiten und seinen Freunden vorzusetzen. Wenn es geschmeckt hatte, verbreitete sich das ausländische Rezept mit der Zeit in Ungarn. Schließlich redet man von einer echten ungarischen Spezialität.

Fánkok   Krapfen

Mit der Zeit bürgerten sich die aus Hefeteig ausgestochenen und in Schmalz gebackenen, flaumigen »Pfannkuchen« der Siebenbürger Sachsen unter dem ungarischen Namen »Fánk« ein.

Bajor fánk   Bayerischer Krapfen

Berlini fánk   Berliner Krapfen (Pfannkuchen)

Cseh fánk   Dalken

Csokoládéfánk   Kleine Krapfen, in Schokoladezucker gewendet und mit Schokoladensoße serviert

Darafánk   Grießkrapferln; Grießbrei wird mit Eigelb legiert, zu Krapfen geformt, in Eiweiß gewendet und knusprig gebacken

Süßspeisen und Gebäck

Farsangi fánk Faschingskrapfen

Forgácsfánk Hobelspann; ein feiner Mürbeteig mit Eigelb, Sahne und Rum wird gut ausgearbeitet, zu Vierecken und Streifen geradelt und in Schmalz gebacken

Képviselőfánk Eierkrapfen; ein flaumiges, innen hohles Plätzchen mit Schlagsahne, Vanillecreme oder Kaffeecreme gefüllt, manchmal mit Karamelzucker überzogen

Felfújtak Auflaufgerichte

Kapucinus felfújt Kapuzinerauflauf; die untere Schicht Reis wird mit Kakao oder Schokolade braun gefärbt, darüber kommt die weiße Schicht

Kávéfelfújt Kaffeeauflauf, mit Kaffee-Essenz zubereitet und mit Kaffeesoße serviert

Mandulafelfújt Mandelauflauf

Mogyorófelfújt Haselnußauflauf

Rizsfelfújt Reisauflauf

Vaniliafelfújt Vanilleauflauf

Palacsinták Palatschinken

Die »Palatschinken«, hauchdünne Eierkuchen, sind laut schriftlichen Denkmälern aus dem Jahre 1577 aus Rumänien nach Ungarn gekommen. Während dieser 400 Jahre wurden aber so viele Varianten entwickelt, daß sie heute mit vollem Recht zu den Spezialitäten der ungarischen Gastronomie zählen dürfen.

Süßspeisen und Gebäck

Almás palacsinta Apfel-Palatschinken, mit geriebenen Äpfeln gefüllt und mit Zimtzucker bestreut

Citromos palacsinta Eierkuchen mit Zitronensaft

Csokoládés palacsinta Eierkuchen mit Schokolade, mit geriebener Schokolade gefüllt

Csúsztatott palacsinta Magnaten-Palatschinken; aus Milch, Mehl, Butter und Eischnee wird ein dickflüssiger Teig angerührt und nur auf der einen Seite gebacken, mit der gebackenen Seite nach unten auf die Schüssel gelegt und mit gesüßten geriebenen Nüssen bestreut; die Eierkuchen werden aufeinandergelegt und schließlich im Ofen kurz überbacken

Diós palacsinta Eierkuchen, mit Nuß gefüllt

Francia palacsinta Französischer Eierkuchen, mit Sahne, Rum oder Likör abgeschmeckt

Gundel palacsinta Gundel-Palatschinken, mit Nußcreme und Rosinen gefüllt, mit Schokoladentunke und Rum übergossen und flambiert serviert

Káposztás palacsinta Eierkuchen mit Kohl; feingeschnittener gerösteter Kohl wird unter den Milchteig gezogen und gebraten

Kelt palacsinta Hefepfannkuchen; der Teig wird dicker mit Hefe angerührt; nach dem Aufgehen wird er gebacken und mit ungesüßter Fülle serviert

Lángoló palacsinta Flambierte Eierkuchen, in gezuckertes Butterschmalz gedreht, mit Rum begossen und flambiert serviert

Lekváros palacsinta Eierkuchen mit Marmelade

Süßspeisen und Gebäck

Rakott palacsinta Geschichtete Eierkuchen; sie werden aufeinandergelegt, jeweils mit Marmelade, geriebenen Nüssen und geriebener Schokolade bestreut, oben mit gesüßtem Eischnee bedeckt und kurz überbacken

Túrós palacsinta Quark-Palatschinken; Quark wird mit saurer Sahne und Vanillezucker angerührt, mit Rosinen versetzt, die Eierkuchen werden mit dieser Creme gefüllt

Zsuzsanna palacsinta Crêpes Suzette

Pudingok   Pudding

Ananászpuding Ananaspudding aus Dosenobst mit Ananassoße

Citrompuding Zitronenpudding

Csokoládépuding Schokoladenpudding

Dióspuding Nußpudding mit Milchschaum- oder Schokoladensoße

Gesztenyepuding Kastanienpudding

Mandulapuding Mandelpudding mit Vanille- oder Schokoladeüberguß

Narancspuding Orangenpudding

Piskótapuding Biskuitpudding

Rizspuding Reispudding

Vaníliapuding Vanillepudding

Rétesek Strudel

Stammt der Strudel aus Ungarn oder aus dem deutschen Sprachgebiet? Das Wort »Strudel« wurde 1549 zuerst niedergeschrieben, sein ungarisches Äquivalent »Rétes« in demselben Jahre.

Almás rétes Apfelstrudel

Cseresznyés rétes Kirschstrudel

Diós rétes Nußstrudel

Kapros túrós rétes Quarkstrudel mit Dill

Káposztás rétes Krautstrudel

Lángos Fladen; aus Strudelteig werden dickere Scheiben geformt und in heißem Speiseöl schnell gebacken; sie werden unterschiedlich abgeschmeckt und auch auf der Straße angeboten

Mákos rétes Mohnstrudel

Mandulás rétes Mandelstrudel

Meggyes rétes Weichselstrudel

Szilvás rétes Pflaumenstrudel

Tejfölös rétes Rahmstrudel

Tiroli rétes Tiroler Strudel, aus einem Butterteig zubereitet; sie sind also auch mürbe, werden meistens mit Äpfeln bzw. mit Quark oder einer Nußfülle gefüllt

Túrós rétes Quarkstrudel

Süßspeisen und Gebäck

Vargabéles Fadennudeln werden ausgekocht und in eine Quarkcreme mit Vanille, Rosinen und Rahm gedreht; eine gebutterte Schüssel oder Pfanne wird mit Strudelblättern ausgelegt; die Nudeln und die Quarkcreme werden darüber gebreitet, mit Strudelblättern abgedeckt und mit Puderzukker bestreut im Rohr gebacken

Egyéb édességek   Andere Süßspeisen

Almás lepény   Apfelkuchen

Aranygaluska Milchspatzen; ein feiner Hefeteig wird mit Rum und Eigelb gut ausgearbeitet, ausgestochen, in Butterschmalz gedreht und in eine feuerfeste Schüssel geschichtet, mit gesüßten geriebenen Nüssen bestreut und bei mäßiger Hitze goldgelb gebacken

Barackos ill. szilvás lepény Aprikosen- bzw. Pflaumenkuchen

Beigli Beugel, ein bayerisch-österreichischer Kuchen mit Nuß- bzw. Mohnfülle

Császármorzsa   Kaiserschmarrn

Cseresznyés lepény   Kirschkuchen

Erdélyi kürtőskalács Siebenbürger Bogenkuchen; ein mit Butter, Ei und Rum fein ausgearbeiteter Hefeteig wird in Streifen geschnitten und rund um eine vorgewärmte, gebutterte, dicke Holzstange oder Metallröhre gewickelt, mit grob gestoßenen Nüssen bestreut, im Back-Grill oder auf Holzkohle bei ständigem Drehen goldgelb gebacken und dabei fleißig mit Butter beträufelt; in spannlange Stücke geschnitten, mit Puderzucker bestreut und mit Branntweinverdünnter Marmelade wird der Kuchen sofort serviert

Süßspeisen und Gebäck

Habos lepény Schaumkuchen; Eischnee wird mit Obst vermengt, mit Sirup legiert, über einen vorgebackenen Blätterteig ausgebreitet und mit demselben Blätterteig abgedeckt

Kapros-túrós lepény Quarkkuchen mit Dill; ein Butterteig mit Hefe und Salz wird mit einer Creme aus Quark, Eigelb und saurer Sahne mit feingehacktem Dill dick bestrichen und mit Teig abgedeckt gebacken

Máglyarakás Scheiterhaufen; trockene Semmelscheiben werden in gezuckerter und mit Eigelb verrührter Vanillemilch eingeweicht, in einer gebutterten Schüssel abwechselnd mit gedünsteten Äpfeln, Zimt, Marmelade und geriebenen Nüssen aufgeschichtet, oben mit Eischnee bedeckt und kurz überbacken

Meggyes lepény Weichselkuchen

Rákóczi túróslepény Rákóczi-Quarkkuchen; über einen halb gebackenen Mürbeteig wird Quarkcreme ausgebreitet und weiter gebacken; schließlich kommt noch ein Gitter aus gesüßtem Eischnee darüber; damit wird fertig gebacken; schließlich kommt Marmelade in die Gitterlücken

Sült derelye Polsterzipferl; ein feiner Mürbeteig mit Eigelb wird ausgetrieben, ausgestochen, mit einer pikanten Marmelade gefüllt, in erhitztem Fett gebacken und mit Puderzucker serviert

Torták, cukrászsütemények
Torten, Zuckergebäck

Alma köntösben Äpfel im Schlafrock; geschälten Äpfeln wird das Kernhaus ausgehoben; in die Mitte kommt Marillenmarmelade; die Äpfel werden in Butterteig eingeschlagen und gebacken

Banán flambírozva Flambierte Bananen

Süßspeisen und Gebäck

Bécsi kocka Wiener Schnitte

Bortésztában kisütött gyümölcsök Gebackenes Obst (Äpfel, Marillen, Bananen) in Weinteig

Cseresznye flambírozva Flambierte Kirschen; die Kirschen werden in Sirup mit Zimt halbgargekocht und in eine Schüssel gelegt; der Sirup wird mit Johannisbeermarmelade vermengt, eingesiedet, mit gestoßenen Nüssen bestreut, mit Rum übergossen und flambiert serviert

Cseresznyés torta Kirschtorte

Cseresznyés vagy meggyes piskóta Biskuit mit Kirschen oder Weichseln; die Beeren werden erst in Mehl gedreht und dann auf den Teig in der Pfanne gelegt

Csokoládékrém Schokoladencreme in Gläsern mit Waffeln

Csokoládétorta Schokoladentorte

Diós piskóta Biskuit mit Nußfülle

Dió-vagy mandulakrém Nuß- oder Mandelcreme im Glas

Dobostorta Dobos-Torte, eine ungarische Erfindung, benannt nach ihrem Schöpfer, dem Zuckerbäcker Josef Dobos; acht bis zehn dünne Biskuit-Flecken werden mit einer gekochten Schokoladencreme gefüllt und mit einem Karamelüberzug versehen

Éclaire-fánk Éclaire-Krapfen

Elzászi almatorta Elsässische Apfeltorte; eine Backform wird mit Mürbeteig ausgelegt, mit gewürzten, geriebenen Äpfeln und Nüssen gefüllt und mit Mürbeteig abgedeckt gebacken

Süßspeisen und Gebäck

Eperfánk Erdbeerkrapfen

Fatörzs Bismarckeiche

Franciakrémes Französische Cremeschnitte; die Vanillecreme wird als erste, die Schlagsahne als zweite Schicht über die Blätterteigflecken ausgebreitet, mit dem zweiten Flecken abgedeckt und mit einer Zuckerglasur überzogen

Gesztenyekrém Kastaniencreme in Gläsern mit geriebener Schokolade

Gesztenyekúp Kastanienberg mit Schokoladenüberzug

Gesztenyepüré tejszínhabbal Kastanienpüree mit Schlagsahne

Gesztenyeszív Kastanienherzchen

Gesztenyetekercs Kastanienrollen

Gyümölcsfagylalt Fruchteis

Gyümölcskosárka Obstkörbchen, Frucht-Torteletten

Gyümölcskrémek Fruchtcreme

Gyümölcssaláták Fruchtsalate

Habroló Hohlhippen mit Schlagsahne

Hideg diplomata puding Kalter Diplomaten-Pudding

Hideg gyümölcsdara Kalter Milchbrei mit Früchten

Hideg gyümölcsrizs Früchtereis

Kávéfánk Kaffeekrapfen

Süßspeisen und Gebäck

Kávékrém   Kaffeecreme im Glas

Kecskeméti barackpuding   Kecskeméter Marillenpudding mit Vanillecreme und Aprikosenschnaps

Krémes lepény   Cremeschnitte; zwischen fertiggebackene Blätterteigflecken kommt eine mit Schlagsahne vermengte Vanillecreme

Linzer koszorú   Linzer Kränzchen

Lúdláb   Gänsefuß; eine Schokoladentorte mit Gußüberzug, entkernten Weichseln und Schlagsahne

Málna tejszínnel   Himbeeren mit Sahne

Mandulakifli   Mandelkipfel

Mandulás csók   Mandel-Baiser

Marcipános konfettek   Marzipan-Konfekt

Masánszky rizsfelfújt   Masánszky-Reisauflauf, mit gewürzten gedünsteten Apfelschnitten mehrschichtig gebacken

Meggyes torta   Weichseltorte

Parfé csokoládéöntettel   Sahneeis mit Schokoladenüberguß

Parfé gyümölcsöntettel   Sahneeis mit Fruchtsaft

Parfé tejszínhabbal   Sahneeis mit Schlagsahne

Parfétorták   Sahneeistorte

Piskóta borhabbal   Biskuit mit Weinschaumsoße

Piskótatekercs   Biskuitroulade mit Marmelade

Süßspeisen und Gebäck

Piskótatekercs tejsodóval   Biskuit mit Milchschaumsoße

Rigó Jancsi   Auf Schokoladenbiskuit kommen Schlagsahne mit Schokolade und wiederum Schokoladenbiskuit, schließlich Schokoladenguß

Sarokház   Eckhaus; Schokoladentorte, mit Schokoladencreme gefüllt und mit Schlagsahne überzogen

Somlói galuska   Somlóer Nockerln, eine waschechte ungarische Süßspeise; dreierlei Biskuits werden gebacken, mit Vanille, Nuß und Schokolade; ein Sirup wird aus Orangen, Zitronenschale, Rum und Vanille zubereitet; eine Vanillecreme und eine Schokoladencreme, Rosinen in Rum und Schlagsahne gehören weiterhin dazu; das Ganze wird bunt miteinander vermischt und mit der Schokoladensoße übergossen

Sült fagylalt   Gebackenes Eis, Omelette Surprise

Tejszínes eper   Erdbeeren mit Sahne

Tejszínhabos, gyümölcsös piskóta   Obstbiskuit mit frischen Himbeeren oder Erdbeeren und süßer Schlagsahne

Töltött alma   Gefüllte Äpfel; ganzen Äpfeln wird das Kernhaus ausgehoben; sie werden in gezuckertem Zitronenwasser kurz gegart, mit Johannisbeermarmelade gefüllt sowie mit Vanillecreme und Schlagsahne übergossen

Vaníliakrém   Vanillecreme mit Schlagsahne im Glas

Gyümölcsök
Früchte

In Ungarn ist fast das ganze Jahr hindurch Obstlese. Hier gedeihen die Früchte süßer und schöner als in vielen anderen Ländern.

Alma Von Äpfeln gibt es mehrere Dutzend Sorten, die von Ende Juni bis zum Spätherbst reifen. Die ersten Äpfel haben einen frischen, schwach sauren Geschmack; Ende August reifen die wunderschönen roten Jonathan-Äpfel und der duftige Starking, insbesondere in Ostungarn, in Szabolcs und in Szatmár

Banán Bananen

Citrom Zitronen

Cseresznye Kirschen reifen ab Ende Juni; die erste Ernte ist immer in Südungarn fällig; die große Germensdorfer Knorpelkirsche reift Anfang Juli

Datolya Datteln

Dió Nüsse gibt es im Donauknie und in den Weingebieten selbst an den Wegrändern; sie reifen ab Ende August

Egres Stachelbeeren gibt es vor allem im Donauknie; sie reifen im Frühsommer, sind aber als Frischobst nicht sehr begehrt

Eper Erdbeeren gibt es bereits Anfang Juni aus Frühkulturen, aber bald danach duftet es vielerorts drei Wochen lang nach den immer recht saftigen roten Früchten

Früchte

Görögdinnye Wassermelonen, riesige dunkelgrüne Früchte mit saftigem rotem Fleisch und schwarzen Kernen, gibt es im August in großen Mengen

Grape-fruit Pampelmusen

Körte Ganz kleine, aber sehr schmackhafte, saftige Birnen reifen schon im Frühsommer; wenn sie ganz braun sind, schmecken sie am besten; die großen edlen Birnensorten reifen erst im September oder Oktober, beispielsweise die gelbe Kaiserbirne und die grüne Kolmanbirne

Kubai narancs Kubanische Orangen

Mandula Mandeln

Málna Himbeeren reifen unmittelbar nach den Erdbeeren; sie werden überwiegend konserviert bzw. tiefgekühlt; deshalb sind sie das ganze Jahr hindurch erhältlich

Meggy Weichselkirschen reifen Anfang Juli; sie werden in der ungarischen Küche häufig verwendet; selbst die Blätter und der Stiel finden Verwendung in Marinaden, da sie sehr aromatisch sind

Mogyoró Haselnüsse

Narancs Orangen

Naspolya Mispeln gibt es zu Beginn des Winters, vorwiegend auf den Wochenmärkten

Őszibarack Pfirsiche, von denen es in Ungarn sehr viele gibt, reifen noch früher als die Aprikosen

Ringló Reneklode

Sárgabarack Aprikosen reifen Anfang Juli, insbesondere in der Gegend von Kecskemét; sie sind in jeder Zubereitungsform sehr beliebt, auch als Schnaps

Früchte

Sárga- és zölddinnye   Von Melonen gibt es ab Anfang Juli viele Sorten, gelbe und grüne, kleinere oder größere

Szilva   Pflaumen gibt es in jedem Garten, besonders in Nord-Ungarn; der »Szilvalekvár«, ein dickes, schwarzes Pflaumenmus, wurde im September überall in großen Kesseln auf offenem Feuer gekocht; heute werden die Pflaumen in Konservenfabriken verarbeitet oder zu Branntwein destilliert; auch Dörrpflaumen sind in Ungarn beliebt

Szőlő   Weintrauben; Ende Juli sind die Beeren im ganzen Land noch klein und hart, aber die ersten Frühsorten reifen bereits im Mecsek, etwas später auch am Südufer des Balatons und anschließend auch im Alföld; diese süßen, feinhäutigen Dessert- bzw. Muskattrauben werden als Tafelobst gezüchtet; ihr Zuckergehalt wird bis zum Frühherbst so hoch, daß sich die Trauben nach einer geeigneten Behandlung bis zum Winter halten

Sajtok
Käse

In Ungarn gibt es zwar eine ganze Reihe verschiedener Käsesorten, doch ähneln sie sich im Aroma mehr oder weniger. Freilich sind darunter sehr gute Sorten, die es durchaus zu kosten lohnt.

Alpesi Magerer Streichkäse

Bakony Ungarischer Camembert

Balaton Vollfettkäse

Boci Käse aus Sahne, mit Pfeffer, Paprika oder Petersilie abgeschmeckt, in Tuben erhältlich

Bojtár Fetter Schmelzkäse

Cheddar Eigenartig gesalzener und gewürzter Vollfettkäse

Csemege körözött Schafkäse, mit Butter, Schnittlauch, Kümmel und Pfeffer abgetrieben

Délibáb Fetter Schmelzkäse

Eidami Edamer Käse

Emmentáli Emmentaler Käse

Étkezési tehéntúró Quark, mager und etwas sauer

Fehérsajtkrém Weichkäse aus Schafmilch

Käse

Göcseji sajt Aromatischer Weichkäse

Hajdu Schwach geräucherter Käse aus Kuhmilch

Hortobágyi – Hóvirág Fetter Schmelzkäse

Juhgomolya sajt Weißkäse aus Schafmilch

Juhtúró Weicher Schafkäse

Karaván Fetter Schmelzkäse

Kaskaval Gesalzener, aromatischer Schafkäse

Köményes sajt Magerkäse mit Kümmel

Köritett tehéntúró Quark, mit Schafkäse, Kümmel und Gewürzpaprika vermengt

Krémsajt Fetter Cremekäse, schwach-sauer

Lajta Aromatischer Weichkäse

Málnás túrókrém Quarkcreme mit Himbeeren

Márványsajt Marmorkäse (Roquefort)

Mecseki Hóvirág – Mecseki sonkás Fetter Schmelzkäse

Misi Halbfettkäse mit eigenartigem Aroma

Mosonmegyei Csemege Weicher Fettkäse

Óvári Halbfettkäse

Ömlesztett sajtok Streichkäse in runden Schachteln mit jeweils 6 Dreieckpackungen, je nach dem Etikett mit Tomaten, Paprika, Mostrich, Gewürzen, Sellerie, Knoblauch,

Käse

Zwiebeln, Pilzen, Schinken, Salami oder Gurken abgeschmeckt

Pálpusztai Stark aromatischer, weicher Fettkäse

Pannonia Vollfettkäse

Parenyica Geräucherter Rollkäse

Parmezán Parmesankäse

Pogácsasajt Quargel, kleiner runder Käse

Pusztadőri Käse mit besonders scharfem Aroma

Roki Mit Butter abgetriebener Roquefort in Würfelform

Sonkasajt Schinkenkäse, schwach geräucherter Vollfettkäse in Form kleiner Laibe

Sózott túrósajt Schwach gesalzener Weißkäse

Sportsajt Cremekäse in Plastikpackungen

Teasajt Magerer, markanter Käse

Tehéngomolya Weißkäse aus Kuhmilch

Tenkes Halbfettkäse

Trappista Trappistenkäse

Túra Magerer Streichkäse

Vaníliás mazsolás krémtúró Gesüßte Quarkcreme mit Vanille und Rosinen

Vitamin-Käse Käse mit Vitamin C

Tej és tejtermékek
Milch und Milchprodukte

Aludttej Dicke Milch

Csokoládés tej Süße Schokolade

Fincsi Gesüßte Schlagsahne

Joghurt Yoghurt, halbfett oder mager

Joghurthab Yoghurtschaum mit Zitronen- oder Erdbeerenaroma

Kakaós tej Milchkakao, schwach gesüßt

Kávés madártej Kaffeecreme mit Eischnee und Schokolade; die Creme wird mit starkem Mokka abgeschmeckt; die Eischneebällchen sind mit geriebener Schokolade bestreut

Kávés tej Milchkaffee, schwach gesüßt, in geschlossenen Plastikbechern zu 2 dl

Kefir Kefir

Lefölözött tehéntej Magere Milch in Plastikbeuteln

Madártej Vanillecreme mit Eischneebällchen; steif geschlagener, gesüßter Eischnee wird in gesüßter Vanillemilch ausgekocht und mit dem Suppenlöffel in großen Stücken herausgehoben; die Milch wird mit Eidottern glattgerührt, aufgekocht und abgekühlt; die weißen Bällchen werden daraufgesetzt

Málnás joghurt Yoghurt mit Himbeeren

Mandulatej Mandelmilch; mit aufgekochter, gesüßter Milch werden feingeriebene Mandeln glattgerührt und kalt oder warm serviert

Meggyes joghurt Yoghurt mit Weichseln

Sűrített tej Gezuckerte Kondensmilch in Tuben

Tartósított tej Super-pasteurisierte Vollmilch

Tehéntej Vollmilch in Plastikbeuteln

Tejes kakaó Kakao mit Milch, kalt oder warm, gesüßt

Tejeskávé Kaffee mit Milch

Tejes turmix italok Turmix-Getränke, in vielen Varianten, mit Frischobst, Gefrierobst, Kompott, Obstkonserven, Zitrone usw.

Tejföl Saure Sahne

Tejleves Milchsuppe; etwas Mehl wird ohne Fett hellgelb geröstet, mit etwas kalter Milch glattgerührt, bei ständigem kräftigem Rühren in die aufgekochte Milch eingelassen, mit etwas Salz, Zucker und geriebener Zitronenschale abgeschmeckt, geseiht und mit Butterflocken serviert

Tejpor Trockenmilch

Tejszínhab Schlagsahne

Borok
Weine

Wilhelm Hamm, ein berühmter Weinspezialist des 19. Jahrhunderts, hat in seinem Weinbuch den ungarischen Weingebieten ein ausführliches Kapitel gewidmet und behauptet, es gäbe wenige Länder mit einer so großen Auswahl an Weinsorten wie Ungarn. Das kleine Land hat ganz eigenartige Mikroklimaverhältnisse und sehr unterschiedliche Böden. Diese Gegebenheiten haben die Tradition der ungarischen Weinkultur von Anfang an geprägt.

Unter den 17 Weinregionen gibt es beispielsweise vulkanische Lavaböden wie im Balaton-Raum. Die *Balatoner Weine* sind zu Recht weltberühmt. Der *Egri Bikavér* (»Stierblut«) verdankt seine Wucht und die Rubinfarbe dem riolithischen Torf. Der *Móri Ezerjó* (»Tausendgutwein«) von Mór gedeiht auf einem Lößboden. Der Volksmund schreibt ihm eine lebensverlängernde Wirkung zu.

Drei Weine, drei Weingegenden und drei verschiedene Böden, und diese drei Beispiele ließen den größten ungarischen Wein, den *Tokajer,* außeracht! In Tokaj wurde bereits bei der Landnahme der Ungarn vor 1000 Jahren Wein gezüchtet, und im 15. Jahrhundert war dieser Wein schon weltberühmt. Sein Wert lag so hoch, daß Matthias, der große ungarische Renaissance-König, seinen glanzvollen Hofstaat, seine großartigen Bauten und seine Kriegszüge mit den Exporteinnahmen des *Tokajer Aszu* (Ausbruchwein) und des *Szamorodni* finanzieren konnte.

Zehn ungarische Weingegenden gelten als Pedigree. Sie sind auf dem Etikett der Weinflasche anzuführen; denn diese Weine sind gesetzlich geschützt. Dazu zählen der *Soproni Veltelini,* der *Móri Ezerjó,* der *Somlói Furmint,* der *Badacsonyi Rizling* (Riesling), der *Badacsonyi Kéknyelű* (Blaustengler), der *Badacsonyi Furmint,* der *Badacsonyi Muskotály* (Muskateller) und *Szürkebarát* (Graumönch), der *Balatonfüredi Rizling* (Riesling), der *Mecseki Kadarka,* der *Egri Bikavér* (Stierblut), der *Villányi Kadarka,* der *Szekszárdi Kadarka,* der *Gyöngyösvisontai Kadarka* und von den Tokajer Weinen der *Szamorodni,* der *Máslás,* der *Fordítás,* der *Aszú* (Ausbruch) und der *Esszencia.*

Badacsonyi Rizling (Riesling), **Kéknyelű** (Blaustengler), **Szürkebarát** (Graumönch) Der Riesling schmeckt etwas nach Pistazien; alle drei Weine sind goldgelb; der Blaustengler ist ein herber Tischwein, der Graumönch ein Dessertwein

Balatonfüredi Rizling (Riesling) Ein vollmundiger Wein mit kennzeichnendem Aroma etwa in der Art des Badacsonyi Riesling

Mecseki Weine Angenehm aromatische Tischweine; der »Cirfandli« (Zierpfandel) ist ein vollmundiger Dessertwein

Móri Ezerjó Grünlich oder hellgelb, mit hohem Säure- und Alkoholgehalt, feurig, oft süßlich

Somlói Weine Goldgelb, vollmundig, mit kennzeichnendem Aroma und hohem Säuregehalt

Soproni Kékfrankos (Blaustengler) Granatfarben, etwas herb, mit hohem Aroma- und Alkoholgehalt

Szekszárdi Rotweine Burgunder, Portugieser und Kadarka, rein oder gemischt, herb und würzig, mit einem schwach süßlichen Aroma

Villányi Rotweine Granatfarben, vollmundig, etwas herb aus drei Traubensorten: den Spätburgunder-, den Portugiesischen und den Kadarka-Trauben rein oder gemischt

Weine

Empfehlungsliste

Zu Suppen Balatonfüredi szemelt rizling (Riesling-Auslese), Csopaki olaszrizling, Akali zöldszilváni (Silvaner), helles Bier

Zu Fischsuppen Vaskuti kadarka, Boglári kadarka, Soproni kékfrankos (Blaustengler), Villányi burgundi (Burgunder)

Zu Fischgerichten Badacsonyi olaszrizling, Badacsonyi kéknyelű, Villányi kadarka, Boglári kadarka

Zu Pilzgerichten Badacsonyi kéknyelű, Domoszlói rizling, Siklósi rizling, Akali zöldszilváni

Zu Gemüsegerichten Badacsonyi muskotály, Badacsonyi szürkebarát, Villányi hárslevelü, Móri ezerjó

Zu weißen Bohnen Villányi oportó, Villányi cabernet, Badacsonyi kéknyelű, Egri leányka

Zu Krautgerichten Badacsonyi kéknyelű, Egri leányka, Villányi kadarka, Soproni kékfrankos

Zu Geflügel Soproni kékfrankos, Oporto siller (Schillerwein), Villányi kadarka, Pompadur pezsgő (demi sec), Pannonia demi sec

Zu Schweinsbraten Badacsonyi kéknyelű, Egri leányka, Csopaki olaszrizling, Pannonia demi sec

Zu Rindsbraten Soproni kékfrankos, Villányi cabernet, Tihanyi merlot, Villányi oporto

Zu Leber Badacsonyi kéknyelű, Móri leányka, Vaskuti kadarka, Soproni kékfrankos

Weine

Zu Pörkölts Badacsonyi kéknyelű, Csopaki olaszrizling, Egri bikavér, Soproni kékfrankos

Zu Wild Tihanyi cabernet, Egri pinot noir, Villányi medoc noir, Tokaji száraz szamorodni (trocken)

Zu Backwerk Debrői hárslevelü, Somlói furmint, Boglári muskotály, Pompadur pezsgő (félédes, halbtrocken)

Zu Feingebäck und Torten Tokaji furmint, Debrői hárslevelü, Soproni tramini, Tokaji aszú, Pannonia pezsgő (édes, süß)

Zu leichtem Käse Badacsonyi zöldszilváni, Soproni zöldveltelini, Olimpia pezsgő (száraz, trocken), Pannonia pezsgő (száraz, trocken)

Zu schwerem Käse Villányi medoc noir, Egri pinot noir, Tihanyi merlot

Zu Obst Badacsonyi szürkebarát, Soproni tramini, Törley pezsgő (félédes, halbsüß), Pannonia pezsgő

Wörterverzeichnis
ungarisch – deutsch

adag   Portion
ajánlott   empfohlen
alkohol   Alkohol
alkoholmentes   alkoholfrei
angol bélszín   Beefsteak
aprópénz   Kleingeld
ár   Preis
ásványvíz   Mineralwasser
asztali bor   Tafelwein

bab   Bohne
bárány   Lamm
baromfi   Geflügel
bélszín   Lungenbraten, Lendenbraten
birka   Hammel
bogrács   Kessel
bor   Wein
borda   Rippe
borjú   Kalb
borravaló   Trinkgeld
bors   Pfeffer
borsó (zöld-)   (grüne) Erbse
burgonya   Kartoffel

citrom   Zitrone
comb   Keule
cukor   Zucker
cukorbeteg   Diabetiker

csapolt sör   Schankbier
cseresznye   Kirsche
csésze   Tasse
csirág   Spargel

csirke   Hühnchen
csont   Knochen
csülök   Eisbein

darab   Stück
deritett   klar (Suppe)
desszert   Dessert
diétás   diät
drága   teuer
dupla   doppelt

ebéd   Mittagessen
ecet   Essig
egész   ganz
egyszer   einmal
egyszerű   einfach
ehetetlen   ungenießbar
elég   genug
elégetve   verbrannt
elkészíteni   zubereiten
enni   essen
erőleves   Kraftbrühe
erős   scharf

édes   süß
édesség   Süßigkeit
éhes   hungrig
étel   Gericht, Essen, Speise
étlap   Speisekarte
étolaj   Speiseöl
étrend   Gedeck
étvágy   Appetit
étvágygerjesztő   appetitlich

Wörterverzeichnis ungarisch–deutsch

fagylalt Speiseeis
fanyar herb
farok Schwanz
fatányéros Holzplatte
fehér weiß
fej Kopf
fejes saláta Kopfsalat
fekete schwarz
fél halb
felár Aufschlag
felfújt Auflauf
filé Filet
finom fein, lecker
fizetni zahlen
fogás Gericht, Gang
fogoly Rebhuhn
fogvájó Zahnstocher
fokhagyma Knoblauch
forró heiß
főtt gekocht
főzelék Gemüse
friss frisch
füstölt geräuchert

gesztenye Kastanie
gomba Pilz
gombóc Kloß
gulyásleves Gulaschsuppe
gyenge mild
gyors schnell
gyümölcs Obst

hagyma Zwiebel
háj Schmalz
hal Fisch
hámozva geschält
hamutartó Aschenbecher
háromszor dreimal
hiba Fehler
hideg kalt
hús Fleisch

igen ja
inni trinken

ital Getränk
íz Geschmack
ízlelni schmecken
ízletes schmackhaft

jég Eis
jégkocka Eiswürfel
jérce Henne
jó gut
jó étvágyat guten Appetit
jóllakott satt

kacsa Ente
kakas Hahn
kanál Löffel
kanna Kanne
káposzta Weißkohl
karaj Kotelett
karalábé Kohlrabi
karotta Karotte
kávé Kaffee
kék blau
kelbimbó Kohlsprosse
kelkáposzta Wirsingkohl
kelvirág Blumenkohl
kemény hart
kenyér Brot
kérem bitte
kés Messer
keserű bitter
kész fertig, gar
kétszer zweimal
kevés wenig
kicsi klein
kimért borok offene Weine
kiszolgálás Bedienung
kiszolgálni bedienen
koffein Coffein
kompót Kompott
konyha Küche
korsó Krug
kóstolni kosten, schmecken, probieren

kóstoló Kostprobe
könnyű leicht
köret Beilage
köritve garniert
köszönöm danke
krém Creme
kukorica Mais
kupica Stamperl

lábfej Fuß
lábszár Schenkel
lángolt flambiert
leveles tészta Blätterteig
liba Gans
libamáj Gänseleber
liszt Mehl

máj Leber
malac Spanferkel
marha Rind
marhahúsleves Rindsuppe
más andere
mazsola Rosine
még noch
meghintve bestreut
meleg warm
mell Brust
menü Menü
merőkanál Schöpflöffel
mustár Senf

nagy groß
nagyon sehr
nagyság Größe
négyszer viermal
néhány einige
nélkül ohne
nem nein, nicht

nyárs Bratspieß
nyelv Zunge
nyers roh
nyúl Hase

olcsó billig
őz Reh

pacal Kaldaunen, Kutteln
padlizsán Aubergine, Eierfrucht
palack Flasche
palackozott bor/sör Flaschenwein/-bier
palacsinta Eierkuchen
pálinka Branntwein, Schnaps
paprika Paprika
paradicsom Tomatenmark
párolt geschmort, gedünstet
pástétom Pastete
petrezselyem Petersilie
pezsgő Sekt
pincér Kellner
pirítós Röstbrotscheibe
pirított gegrillt
piros rot
piszkos schmutzig
pohár Becher, Glas
puha weich
pult Büfett
pulyka Truthahn

rágós zäh
rántás Mehlschwitze
rántott paniert
reggeli Frühstück
rendelni bestellen
reszelt gerieben
rizs Reis
rossz schlecht

sajt Käse
saláta Salat
sárgabarack Aprikose
savanyú sauer
savanyú káposzta Sauerkraut
serpenyő Pfanne
sertés Schwein

Wörterverzeichnis ungarisch – deutsch

só Salz
sok viel
sonka Schinken
sós salzig
sovány mager
sör Bier
spárga Spargel
súly Gewicht
sült Braten, gebraten
sütemény Gebäck, Kuchen
sütő Backofen
sütve gebraten, gebacken
szakács Koch
szalonna Speck
szálka Gräte
szalvéta Serviette
számla Rechnung
száraz trocken
szárnyas Geflügel
szarvas Hirsch
szelet Schnitte, Schnitzel
szénsav Kohlensäure
szilva Pflaume
szív Herz
szódavíz Sodawasser
szomjas durstig
szűrő Filter
szűrve gefiltert

tájjellegű ortspezifisch
tál Schüssel
tálalni servieren
tányér Teller
tarhonya Eiergerste
tea Tee
teáskanál Teelöffel
tej Milch
tejföl saure Sahne
tejszín Sahne
tejszínhab Schlagsahne
teríték Gedeck, Service
tészta Teig, Mehlspeise
tévedés Irrtum

tiszta klar, sauber
tojás Ei
torta Torte
több mehr
tölteni einschenken, füllen
töltött gefüllt
túró Quark
tüdő Lunge
tűz Feuer
tűzdelt gespickt
tyúk Huhn
tyúkhúsleves Hühnersuppe

uborka Gurke
utóétel Nachtisch
ürü Hammel
üveg Flasche
üzletvezető Geschäftsführer

vacsora Abendessen
vaj Butter
valami etwas
valami más etwas anderes
választás Wahl
választék Auswahl
vastag dick
vegyes gemischt
vékony dünn
velő Hirn
véres blutig
vese Niere
vesepecsenye Nierenstück
világos hell
villa Gabel
víz Wasser

zavaros trüb
zeller Sellerie
zöldbab Brechbohne
zsemle Brötchen, Semmel
zsenge zart
zsír Fett, Schmalz
zsíros fett

Wörterverzeichnis deutsch–ungarisch

Abendessen vacsora
Alkohol alkohol
alkoholfrei alkoholmentes
andere más
Appetit étvágy
appetitlich étvágygerjesztő
Aprikose sárgabarack
Aschenbecher hamutartó
Aubergine, Eierfrucht padlizsán
Auflauf felfújt
Aufschlag felár
Auswahl választék

Backofen sütő
Becher pohár
bedienen kiszolgálni
Bedienung kiszolgálás
Beefsteak angol bélszín
Beilage köret
bestellen rendelni
Bestellung rendelés
bestreut meghintve
Bier sör
billig olcsó
bitte kérem
bitter keserű
Blätterteig leveles tészta
blau kék
Blumenkohl karfiol
blutig véres
Bohne (Brech-) bab (zöld-)
Branntwein pálinka
Braten sült
braten sütni

Bratspieß nyárs
Brot kenyér
Brötchen zsemle
Brust mell
Büfett büfé, pult
Butter vaj

Coffein koffein
coffeinfrei koffeinmentes
Creme krém

Dessert desszert
Diabetiker cukorbeteg
Diätspeisen kimélő ételek
dick vastag, sűrű
doppelt dupla
dünn vékony, híg
durstig szomjas

Ei tojás
Eiergerste tarhonya
Eierkuchen palacsinta
einfach egyszerű
einige néhány
einmal egyszerű
einschenken tölteni
Eis jég
Eis, Gefrorenes fagylalt
Eisbein csülök
Eiswürfel jégkocka
empfohlen ajánlott
Ente kacsa
Erbse (grün) borsó (zöld-)
Essen étel, étkezés

Wörterverzeichnis deutsch–ungarisch

essen enni
Essig ecet
etwas valami
etwas anderes valami mást

Fehler hiba
fein finom
fertig kész
fett zsíros
Fett zsír
Feuer tűz
Filet filé
Filter szűrő
Fisch hal
flambiert lángolt
Flasche palack
Flaschenbier/-wein palackozott sör/bor
Fleisch hús
frisch friss
Frühstück reggeli
Fuß lábfej

Gabel villa
Gänseleber libamáj
Gang fogás
Gans liba
ganz egész
gar kész
garniert körítve
gebacken sütve
Gebäck sütemény
gebraten sütve
Gedeck, Menü étrend
Gedeck, Service teríték
gedünstet párolva
gefiltert szűrve
Geflügel baromfi, szárnyas
gefüllt töltve
gegrillt pirítva
gekocht főzve
gemischt vegyesen
Gemüse főzelék

genug elég
geräuchert füstölve
Gericht étel
gerieben reszelve
Geschäftsführer üzletvezető
Geschmack íz
geschmort párolva
gespickt tűzdelt
Getränk ital
Gewicht súly
Glas pohár
Gräte szálka
groß nagy
Größe nagyság
Gulaschsuppe gulyásleves
Gurke uborka
gut jó

Hahn kakas
halb fél
Hammel birka, ürü
hart kemény
Hase nyúl
heiß forró
hell világos
Henne, Junghuhn jérce
herb fanyar
Herz szív
Hirn velő
Hirsch szarvas
Holzplatte fatányéros
Hühnchen csirke
Hühnersuppe tyúkhúsleves
Huhn tyúk
hungrig éhes

Irrtum tévedés

ja igen

Käse sajt
Kaffee kávé
Kalb borjú

Kaldaunen, Kutteln pacal
kalt hideg
Kanne kanna
Karotte karotta, sárgarépa
Kartoffel burgonya
Kastanie gesztenye
Kellner pincér
Kessel bogrács
Keule comb
Kirsche cseresznye
klar tiszta
klar (Suppe) derített
klein kicsi
Kleingeld aprópénz
Kloß gombóc
Knoblauch fokhagyma
Knochen csont
Koch szakács
Kohlensäure szénsav
Kohlrabi karalábé
Kohlsprosse kelbimbó
Kompott befőtt
Kopf fej
Kopfsalat fejes saláta
kosten, schmecken ízlelni
Kostprobe kóstoló
Kotelett karaj
Kraftbrühe erőleves
Krug korsó
Kuchen sütemény
Küche konyha

Lamm bárány
Leber máj
leicht könnyű
Lendenbraten bélszín
Löffel kanál
Lunge tüdő
Lungenbraten bélszín

mager sovány
Mais kukorica
Mehl liszt

Mehlschwitze rántás
Mehlspeise tészta
mehr több
Messer kés
Milch tej
mild gyenge
Mineralwasser ásványvíz
Mittagessen ebéd

Nachtisch utóétel
Nachtisch (süß) édesség
nein nem
nicht nem
Niere vese
Nierenstück vesepecsenye
noch még

Obst gyümölcs
offene Weine kimért borok
ohne nélkül
ortspezifisch tájjellegű

paniert rántva
Paprika paprika
Pastete pástétom
Petersilie petrezselyem
Pfanne serpenyő
Pfeffer bors
Pflaume szilva
Pilz gomba
Portion adag
Preis ár
probieren kóstolni

Quark túró

Rebhuhn fogoly
Rechnung számla
Reh őz
Reis rizs
Rind marha
Rindsuppe marhahúsleves
Rippe borda
roh nyers

Wörterverzeichnis deutsch–ungarisch

Röstbrotscheibe pirítós
Rosine mazsola
rot piros

Sahne (sauer) tejszín (tejföl)
Salat saláta
Salz só
salzig sós
satt jóllakott
sauber tiszta
sauer savanyú
Sauerkraut savanyú káposzta
schälen hámozni
scharf erős, fűszeres
Schenkel lábszár
Schinken sonka
Schlagsahne tejszínhab
schlecht rossz
schmackhaft ízletes
Schmalz zsír, háj
schmecken ízlelni, ízleni
schmutzig piszkos
schnell gyors
Schnitte szelet
Schnitzel szelet
Schöpflöffel merőkanál
Schüssel tál
Schwanz farok
schwarz fekete
Schwein sertés
sehr nagyon
Sekt pezsgő
Sellerie zeller
Semmel zsemle
Senf mustár
servieren tálalni
Serviette szalvéta
Sodawasser szódavíz
Spanferkel malac
Spargel spárga, csirág
Speck szalonna
Speiseöl étolaj
Stamperl kupica

Stück darab
süß édes

Tasse csésze
Tee tea
Teelöffel teáskanál
Teig tányér
teuer drága
Tomate paradicsom
Tomatenmark paradicsompüré
Torte torta
trinken inni
Trinkgeld borravaló
trocken száraz
trüb zavaros
Truthahn pulyka

ungenießbar ehetetlen

verbrannt elégetve
viel sok

Wahl választás
warm meleg
Wasser víz
weich puha
Wein bor
weiß fehér
Weißkohl káposzta
wenig kevés
Wirsingkohl kelkáposzta

zäh rágós
zahlen fizetni
Zahnstocher fogvájó
zart zsenge
Zitrone citrom
zu (viel) túl (sok)
zubereiten elkészíteni
Zucker cukor
Zunge nyelv
Zwiebel hagyma

Speisenregister ungarisch

Ajókagyűrűk 30
Alma 30, 42, 109, 110, 111, 114, 115
Alföldi sálata 30
Angol bélszin 75
Apró fánk 30
Aranygaluska 109
Aszpik-mignon 30

Bableves 37
Babpűreleves 37
Bácskai rizses libaaprólek 85
Bácskai rizseshús 76
Bácskai rostélyos 71
Bakonyi betyárleves 44
Banán 111, 115
Barack 42, 54, 109
Bárányleves 46
Bécsi kocka 111
Bécsi szelet 68
Becsinált pacal 71
Beigli 109
Békacomb 66
Belsőségpörkölt 71
Bélszin 71, 72, 74, 75
Bevert tojások 34, 52
Birsalmaleves 42
Bogdánpecsenye 78
Borjúhús ételek 67 ff.
Borleves 2
Borok 125 ff.
Borscsleves 46
Briósok 26, 35
Burgonya 37, 54, 93 ff.
Burgundi marhasült 71

Cigányrostélyos 71
Citrom 115
Csabai szarvascomb 81
Csáky rostélyos 72
Csalamádé 101
Császármorzsa 109
Cseresznye 42, 109, 111, 115
Csiga 66
Csikós tokány 72
Csirág 35, 94
Csirke 45, 46, 85 ff
Csirketokány 85
Csokoládé 111, 122
Csontleves 39
Csorbaleves 46
Csuka 57, 59
Cukrászsütemények 110 ff.

Datolya 115
Dinnye 31
Dió 54, 111, 115
Dobostorta 111

Édességek 103
Egres 115
Előetélek 30 ff.
Eper 112, 114, 115
Erdélyi fűszeres leves 44
Erdélyi kürtős kalács 109
Erdélyi rakott káposzta 76
Erdélyi tokány 72
Erőlevesek 39

Fácán 81
Fánkok 30, 103, 105, 111, 112

Speisenregister ungarisch

Fatányéros 79
Fejes saláta 31, 100
Felfújtak 105
Fogas 59
Fogoly 81, 82
Főtt jérce 86
Főtt marhahús 73
Főzelékek 91 ff.
Füstölt kolbász főzelékkel 80
Füstölt libamell 86
Füstölt marhanyelv 73
Füstölt marhaszegy 72, 73
Füstölt oldalas 80
Füstölt prágai karaj 80
Fűszerek 28 f

Galambleves 46
Galuska 54
Garda 31
Gesztenye 86, 112
Gombafejek 31, 35, 94
Gombaleves 39, 42
Gombapaprikás 35, 94
Gombapuding 94
Gombapüréleves 40
Gombasaláta 101
Gombócleves 45
Görögdinnye 43, 117
Grill-csirke 86
Gulyásleves 40
Gundel-saláta 100
Gyümölcslevesek 42 f.
Gyümölcsök 115 ff.

Habos lepény 110
Hagymaleves 46
Halak 57 ff.
Halászlé 57, 61, 65
Halfatányéros 60
Halkrémleves 42
Halleves 40
Halmajonéz 31
Halsaláta 31

Harcsaszelet 60, 61
Hargita 76
Hátszinszelet 75
Hentesáruk 80
Heringsaláta 31, 33
Hideg fogas 31
Hortobágyi palacsinta 35
Húsételek 67 ff.
Húsleves 40

Jérce 32, 86 ff.
Joghurt 122, 123
Jókai bableves 44
Juhtúrós galuska 54

Kacsa 87 ff.
Kacsaérmecskék 32
Kakaó 122
Kanapék 32
Káposzta 40, 55, 91, 97, 100
Kapros túrós lepény 110
Karalábé 95, 99
Karalábéfőzelék 91
Karfiolkrémleves 40
Karotta 95
Kaszásleves 40
Kaszinótojás 32
Kávé 112, 113, 122
Kecsege 61
Kelbimbó 95
Kelkáposztafőzelék 92
Kellevelek töltve 95
Kelvirág 92, 95, 96
Kenyerek 23 ff.
Kocsonya 32
Kolozsvári rostélyos 73
Konfettek 113
Körte 117
Kovászos uborka 101
Krémesek 112, 113
Krémlevesek 42
Kukorica 42, 96
Kunsági pandúrleves 44

Lángos 108
Lebbencsleves 41
Lecsós kacsacomb 87
Lencse 96
Lencsefőzelék 92
Lencseleves 41
Lepények 109 f.
Levesek 37 ff
Leveskülönlegességek 44 ff.
Libamáj 32, 33, 35, 87, 88
Libamell 87, 88
Libasült 88
Linzer koszorú 113
Lucskos káposzta 92
Ludaskása 87
Lúdláb 113

Máglyarakás 110
Magyaros ízelítők 33
Majonézes kukorica 33
Majonézes zöldborsó 33
Májpüréleves 41
Makaróni 55
Mákos metélt 55
Málna 43, 117, 123
Mandula 111, 113, 117, 123
Marhahús ételek 71 ff.
Marhapörkölt 73
Marhaszegy 72, 73
Mártások 47 ff.
Meggy 43, 110, 113, 117
Mimózasaláta 33
Minestra 46
Mogyoró 117
Mustban párolt bélszin 73
Mustos őzpecsenye 82

Narancs 117
Naspolya 117
Nyelvhal 65
Nyúlcomb 82
Nyúlérmecskék 82

Nyúlfilé 82
Nyúlgerinc 82
Nyúlpaprikás 83
Nyúlragu 83

Omlett 35
Orjaleves 45
Orosz hússaláta 33
Ököruszály 73
Őszibarack 43, 118
Őzborda 83
Őzfilé 83
Őzgerinc 83

Pacal 72, 73
Padlizsán 96, 97
Palacsinták 105 ff.
Palócleves 45
Paprika 101, 102
Paprikás ponty 61
Paprikás burgonya 97
Paprikás csirke 88
Paprikás sertésborda 76
Paprikaszelet 33
Paradicsom 33, 74, 97, 98, 100, 102
Paradicsomleves 41, 42
Paradiscommártás 50
Paradicsomos káposzta 92
Paradicsomos tökfőzelék 92
Paraj 97
Parajfőzelék 92
Parajkrémleves 42
Parajropogós 97
Parfé 113
Párizsi ecetolajjal 33
Párolt fehérpecsenye 74
Párolt felsál vadasan 74
Párolt káposzta 97
Párolt marhafartő 74
Párolt marhanyelv 74
Pásztorhús 77

Speisenregister ungarisch

Pástétom 33 ff.
Patisson 97, 98
Péksütemények 23 ff.
Pirított borjúmáj 69
Pirított borjúszelet 69
Pirított gomba 98
Pirított kelvirág 98
Pirított libamáj 88
Pirított sertésmáj 79
Pirított vese velővel 79
Piskóták 113, 114
Pisztráng 62
Ponty 32, 61-65
Póréhagyma krémleves 42
Pudingok 107 ff.
Pulykacomb 88
Pulykamell 89
Pulykasült 89
Pusztapörkölt 74

Rablóhus nyárson 79
Rácponty 64
Rák 33, 34, 46, 66
Rákóczi túrós 110
Rakott burgonya 98
Rakott makaróni 55
Rántott leves 41
Rétesek 108, 109
Ribizlileves 43
Rigó Jancsi 114
Ringló 117
Rizottó 36, 66, 68
Rizsfelfújt 113
Rizses kacsa 89
Rostélyosok 71, 72, 74

Sajtok 119 ff.
Sajtos metélt 55
Sajtos tojás 52
Sajtos paradicsom 98
Sajtos borjúszelet 71
Salátafőzelék 92

Saláták 30, 93 ff.
Sárgabarack 117
Sárgadinnyeleves 43
Sárgarépafőzelék 92
Sarokház 114
Savanyú burgonyafőzelék 92
Savanyú káposztafőzelék 93
Savanyú tojás 52
Savanyútojás leves 41
Savanyú tüdő 77
Serpenyős rostélyos 74
Sertésborda 76, 77, 79
Sertéscsülök 80
Sertésflekken 79
Sertéshúsételek 76 ff.
Sertésmáj 79
Sertéspörkölt 77
Sertésvese 79
Sólet 87
Somlói galuska 114
Sonka 32, 53, 55, 98
Sörleves 46
Sóskafőzelék 93
Spagetti 36, 55
Spanyol gombasaláta 34
Spárgakrémleves 41
Stiriai metélt 55
Süllő 64
Sült derelye 110
Sült fagylalt 114
Sült keszeg 64
Sült sonka 80
Sütemények 103 ff.
Szárazbabfőzelék 93
Szárnyas haché 36
Szárnyasok 81 ff.
Szárnyaskrémleves 42
Szárnyasraguleves 41
Szarvas 81
Szegedi halászlé 65
Székelykáposzta 77
Szilva 43, 55, 118,
Szőlő 118

Tálon sült tojás 36
Tarhonya 56
Tej 122 f.
Tejfölös malacapróléklcves 45
Tejfölös sóskapüréleves 41
Tejfölös tökfőzelék 93
Teknősbékaleves 46
Tengeri halak 65
Tojásos ételek 32, 52 ff.
Tök 99
Tokány 72
Töltött borjúszelet 68
Töltött csirke 89
Töltött gomba 99
Töltött káposzta 78
Töltött karalábé 99
Töltött kucsmagomba 99
Töltött libanyak 89
Töltött malac 80
Töltött metélt 56
Töltött őzbordák 82
Töltött paprika 78
Töltött ponty 65
Töltött szőlőlevél 78
Töltött tojás 34
Töltött tök 36
Töltött vadkacsa 83
Tormás fött cékla 102
Törökparadicsom 36
Toros káposzta 78
Torták 110 ff.
Tükörtojás 53
Túrógombóc 56
Túróscsusza 56

Uborka 36, 42, 99, 101

Újházy tyúkleves 41
Ürüleves 46

Vaddisznó 83
Vadkacsa 83
Vadhúsok 81 ff.
Vagdalt bélszin 74
Vagdalt borjúszelet 68
Vagdalt gombapogácsák 99
Vagdalt libamell 89
Vagdalt sertéshúspogácsa 80
Vagdalt sertésszelet 78
Vajaspástétom 36
Vajas jércemell 89
Vajaskosárka 36
Vaniliakrém 114
Vargabéles 109
Vargánya 99
Vegyes grill 80
Velő rántva 80
Velős felfújt 36
Veseszeletek 36
Vetrece 74
Vöröskáposzta 101

Zeller gyümölccsel 34
Zeller vörösbor mártással 36
Zellerízelítő 34
Zeller saláta 101
Zöldbab csőben sütve 36
Zöldbab saláta 100
Zöldborsófőzelék 93
Zöldborsós kacsa 89
Zöldfélék 91 ff.
Zöldpaprika 101
Zöldségkrémleves 42

Speisenregister deutsch

Anchovis 47
Apfel 42, 49, 106, 108–110, 113–115
Aprikose 42, 54, 109, 117
Aspik-Mignons 30
Auflaufgerichte 105

Bananen 110, 115
Beefsteak 75
Beugel 109
Bier 16, 46
Birnen 117
Biskuit 107, 111, 113, 114
Bismarckeiche 112
Blumenkohl 92, 95, 96
Bohnen 36, 37, 44, 93, 98, 100
Borschtsch 46
Bottichsalat 101
Brot 23 ff., 49
Brustkern 73

Cremeschnitte 112, 113
Cremesuppen 42
Crêpes Suzette 107
Csongrader Pastetchen 36

Dalken 103
Datteln 115
Dillsoße 50
Diplomatenpudding 112
Dobos-Torte 111

Eckhaus 114
Eier 32, 34, 36, 41, 52 ff.
Eierfrucht 36, 96, 97

Eiergersten 56
Eierkuchen 35, 105 ff.
Einbrennsuppe 41
Eis 112 ff.
Eisbein 80
Ente 32, 87, 38
Erbsen 93, 95
Erdbeeren 112, 115

Fasan 81
Feingemüse 91
Ferkel 45, 80
Fischgerichte 31 f., 57 ff., 97
Fischleber 97
Fischsuppe 40, 42, 57, 61, 65
Fladen 108
Fleischbrühe 39, 40
Fleischgerichte 33, 67 ff.
Fleischsuppe 44, 45
Forelle 62
Froschschenkel 66
Früchte 111 ff., 115 ff.

Gänseleber 33, 35, 87, 88
Gans 85 ff.
Garda 31
Gebäck 25 ff., 103 ff.
Geflügel 30, 36, 39, 41, 42, 44, 81 ff.
Gemüse 41, 42, 91 ff.
Grillbraten 80
Getränke 15 ff.
Gewürze 28 f., 44
Gulaschsuppe 40
Gundel-Salat 100
Gurken 36, 42, 51, 99, 101

Speisenregister deutsch

Hackfleisch 80
Hammel 45, 46
Hase 82, 83
Hecht 57, 59
Hering 31, 33
Himbeeren 43, 113, 117
Hirn 36, 69, 80
Hirsch 81
Hörnchen 25f.
Hohlhippen 112
Huhn 31ff., 44ff., 85ff.

Käse 50, 54, 55, 98, 119ff.
Kaffee 16, 105, 112, 113, 122
Kaiserschmarrn 109
Kakao 16, 105, 122, 123
Kalb 45, 67ff.
Karotten 95
Karpfen 32, 61ff.
Kartoffeln 37, 54, 92ff.
Kastanien 86, 87, 107, 112
Kaviar 32, 34, 48
Kirschen 42, 108, 109, 111, 115
Knödel 54, 55
Kohlrabi 91, 95, 99
Kopfsalat 31, 92, 100
Krapfen 103f., 111, 112
Krautgerichte 40, 55, 76ff., 108
Krebs 33, 34, 46, 66
Kuchen 26f., 109ff.
Kürbis 36, 42, 92, 93, 99
Kutteln 71ff.

Lamm 46
Lebbencs-Suppe 41
Leber 41, 69, 79
Linsen 41, 92, 96
Linzer Kränzchen 113
Lunge 77

Mais 42, 96
Makkaroni 55

Mandeln 105, 107ff., 113, 117, 123
Marillen 113
Marzipan 113
Meerrettich 48, 50
Melone 31, 43, 118
Milch 112, 122f.
Milchspatzen 109
Minestra 46
Mischsalat 101, 102
Mispeln 117
Möhren 92
Mohn 55, 108, 109
Morcheln 99

Niere 36, 67, 69, 79
Nockerln 54, 114
Nudeln 54ff., 109
Nüsse 54, 105–109, 111, 115, 117

Obstsuppen 42f.
Ochsenschwanz 73
Omelett 35, 53, 114
Orange 107, 117

Palatschinken 105ff.
Pandurensuppe 44
Paprika 29, 48, 51
Paprikaschoten 33, 53, 78, 101, 102
Pfirsich 43, 117
Pflaume 43, 108, 109, 118
Pilze 31, 34, 35, 40, 42, 49, 94ff., 99, 101
Plunderplätzchen 36
Pörkölt 66, 67, 71, 73, 74, 77
Pogatschen 27
Polsterzipferl 110
Porree 42
Preiselbeeren 47
Pudding 107
Pute 86, 88, 89

Speisenregister deutsch

Quark 27, 56, 107, 108, 110
Quitten 42

Ragout 35, 68, 83
Rahm 108, 122, 123
Rebhuhn 81, 82
Reh 82
Reis 36, 68, 105, 107, 112, 113
Rind 71 ff.
Rippchen 68, 69, 76, 77, 79
Rote Rüben 30, 49, 102
Rotkohl 101
Rouladen 95, 97
Rumpsteak 75

Salate 30 ff., 94 ff., 100 f.
Sardellen 30, 50
Sauerampfer 41, 50, 93
Sauerkraut 93
Schaumkuchen 110
Scheiterhaufen 110
Schildkrötensuppe 46
Schill 64
Schinken 32, 55, 80, 98
Schlagsahne 112 ff., 122
Schmorkohl 97, 99
Schnecke 66
Schnittlauch 48
Schnitzel 68, 69, 71, 76, 79
Schokolade 16, 105–107, 111, 113, 114, 122
Schwein 45, 76 ff.
Seezunge 65
Selchfleisch 80
Sellerie 34, 36, 51, 101
Semmeln 25 f.
Sensenmähersuppe 40
Siebenbürger Bogenkuchen 109
Soßen 47 ff.
Spaghetti 36, 55
Spargel 35, 41, 94
Spinat 42, 92, 97

Spießbraten 79
Spirituosen 17
Stachelbeeren 115
Stör 61
Strudel 108 f.
Süßspeisen 103 ff.
Suppen 37 ff.

Tafelspitz 74
Teigwaren 53
Thunfisch 65
Tomaten 33, 41, 42, 50, 97, 98, 100, 102
Torten 110 ff.

Vanille 105, 107, 114, 122
Vorspeisen 30 ff.

Wassermelone 43
Weichseln 50, 108, 110, 113, 117
Wein 15, 46, 125 ff.
Weinblätter 78
Weintrauben 118
Weißfisch 64
Weißkohl 92, 100
Wels 60, 61
Wiener Schnitte 111
Wildbret 39, 51, 81 ff.
Wildente 83, 85
Wildgans 85
Wildschwein 83, 85
Wirsingkohl 92, 95
Wurst 30, 33, 53, 80

Yoghurt 122, 123

Zander 31, 59, 60
Zitrone 107, 114, 115
Zuckergebäck 110 ff.
Zunge 74
Zwetschgenknödel 55
Zwiebeln 46, 49, 50